Hinduismus

Ernst Klett Schulbuchverlag Leipzig
Leipzig Stuttgart Düsseldorf

Impressum

Autorin:

Dr. Kabita Rump

Prof. Dr. Dr. Peter Antes
Manfred Pöpperl

Dieses Heft folgt der reformierten Rechtschreibung nach dem Duden, soweit dem nicht Einsprüche von Autoren und Verlagen entgegenstehen.

1. Auflage A 1 5 4 3 2 1 | 2006 2005 2004 2003 2002

Alle Drucke dieser Auflage können im Unterricht nebeneinander benutzt werden, sie sind untereinander unverändert. Die letzte Zahl bezeichnet das Jahr dieses Druckes.

Internetadresse: http://www.klett-verlag.de

Umschlaggestaltung: TOUMAart Leipzig
Druck: Konradin Druck GmbH

ISBN: 3-12-691181-1

Inhaltsverzeichnis

Vorwort

Hinduismus, Buddhismus, Judentum, Christentum und Islam – die Welt der Religionen ist vielfältig. Bereits für die großen Weltreligionen lässt sich keine genaue Zahl nennen, die Frage ist umstritten, ob es die hier aufgezählten fünf Religionen sind oder ob man noch andere nennen müsste wie z. B. die Religion der Parsen/Zoroastrier, der Sikh oder der Bahai. Zählt man noch die anderen Religionen wie etwa die Stammesreligionen, die Religionen der Indianer oder die sogenannten neuen Religionen und religiösen Bewegungen hinzu, so kann niemand mehr sagen, wieviele Religionen es weltweit gibt bzw. gegeben hat. Religionen kommen und gehen, nur wenige haben Jahrhunderte bzw. Jahrtausende überdauert. Dennoch haben sie alle das Denken und Handeln ihrer Anhänger sehr entscheidend geprägt und tun dies bis heute. Nach wie vor haben die großen Religionen der Welt einen bedeutenden Einfluss nicht nur auf ihre Anhänger, sondern sie haben sogar ganze Kulturkreise geprägt. Unabhängig, ob wir selbst einer dieser Religionen angehören und uns durch sie haben prägen lassen oder nicht, ist ihr Einfluss in allen Kulturkreisen spürbar. Von daher ist es unerlässlich, dass wir uns zumindest über die großen Weltreligionen informieren und uns mit ihnen auseinander setzen. Diesem Zweck soll die Reihe »THEMA WELTRELIGIONEN« dienen. Im Hinblick auf den weltanschaulich neutralen Ansatz des Ethikunterrichtes soll dabei weder Werbung für eine der Religionen betrieben noch die Kritik an ihr in den Mittelpunkt gestellt werden. Vielmehr soll sachlich informiert und dadurch ein Gespräch mit den Anhängern dieser Religionen ermöglicht werden. Zu einer sachlichen Darstellung gehört es, dass man die Religion durch ihre Vertreter selbst zu Wort kommen lässt, die Begründungen und Positionen der Religion zur Kenntnis nimmt und nicht vorschnell von außen urteilt und aburteilt. Um dies zu gewährleisten, stammen viele Texte in den Heften von Menschen der jeweiligen Religionen selbst, andere Texte sind von außenstehenden Fachleuten geschrieben worden, die Entwicklungen oder Erscheinungsformen der jeweiligen Religion besonders gut beschreiben oder neue Gesichtspunkte einbringen, die für die Diskussion wichtig sind. Ziel ist es deutlich zu machen, dass die Denkvorstellungen und Handlungsanweisungen der einzelnen Religionen in sich logisch, nachvollziehbar und verständlich sind, wenn man die Grundvoraussetzungen, von denen die jeweilige Religion ausgeht, akzeptiert hat. So wird deutlich, dass nicht alles, was unserem Denken widerspricht oder von dem abweicht, was wir selbst für selbstverständlich halten, unlogisch oder unvernünftig ist, sondern durchaus nachvollziehbar wird, sobald man sich auf fremdes Denken einlässt. Dies soll hier eingeübt werden, um das Denken und Handeln anderer Menschen und Völker nachvollziehen und verstehen zu können. Die moderne Rede vom religiösen Fundamentalismus weist darauf hin, dass diese Denkunterschiede Konsequenzen bis in den politischen Alltag hinein haben und das Zusammenleben der Menschen erschweren bzw. – im umgekehrten Falle – auch erleichtern und fördern können. Um Vergleiche zwischen den einzelnen Religionen zu ermöglichen und zu erleichtern, haben alle Hefte der Reihe »THEMA WELTRELIGIONEN« weitgehend einen parallelen Aufbau. Nach einem Einführungskapitel, das einige Schlaglichter auf die betreffende Religion zu werfen versucht, folgt im 2. Kapitel eine ausführliche religionskundliche Darstellung, in der die Verbreitung, das Erscheinungsbild, die Feste und Riten, die Entstehung, die Geschichte und die Grundpositionen der Religion vorgestellt werden. Das 3. Kapitel fragt sodann nach der ethischen Lehre der Religion und ihrem Beitrag zu den drängendsten Fragen der Menschheit: Lebensgestaltung, Zusammenleben, Sorge für die Umwelt, Krieg und Frieden. Das 4. Kapitel stellt besondere Aktivitäten, Ausstrahlungen und Probleme der jeweiligen Religion heraus. Das letzte Kapitel konzentriert sich auf die Rolle und Bedeutung der jeweiligen Religion in Europa und insbesondere in Deutschland, um deren unmittelbare Relevanz für unser Zusammenleben mit Menschen verschiedenen Glaubens anzusprechen.

Alle, die an der Erstellung der einzelnen Hefte mitgewirkt haben, verbinden mit ihrer Darstellung die Hoffnung, in gleicher Weise zum besseren Verständnis der großen Weltreligionen und ihrer weltweiten Bedeutung wie zum besseren Verstehen zwischen Menschen unterschiedlicher Religion und Kultur in Deutschland beizutragen. Dies heißt konkret, dass sowohl globale Zusammenhänge wie lokale Gegebenheiten in den Blick kommen und auf diese Weise alle Jugendlichen, die diese Hefte benutzen, ebenso auf Begegnungen mit Menschen in anderen Ländern wie auf zukünftige Weisen des Zusammenlebens in einem immer pluralistischer werdenden Deutschland vorbereitet werden.

Peter Antes

Etwas vornweg ...

Indien ist ein Subkontinent mit 24 Bundesstaaten und sieben »Union Territories«, 18 Hauptsprachen (scheduled languages) sowie über 300 Dialekten, verschiedenen ethnischen Gruppen und allen Religionen der Welt; in ihm leben seit kurzem knapp über eine Milliarde Menschen. Der Hinduismus als Indiens Hauptreligion betont diese Vielfalt und lehnt eine zentrale Institutionalisierung ab. Denn ohne liberalen Geist und dezentrale Struktur wäre er zu einer erstarrten Religion geworden, die den Verschiedenheiten der kulturellen Gruppierungen Indiens nicht gewachsen gewesen wäre. Auf die häufig gestellte Frage, was so verschiedenartige Menschen auf einem Subkontinent zusammenhält, kann wohl nur geantwortet werden: der Geist des Hinduismus. Wie tief verwurzelt die Hindus in ihrer Religion sind, wird deutlich an der Tatsache, dass Indien trotz mehrerer Fremdherrschaften seine Identität – gewonnen aus den Veden und Upanishaden – nicht verloren hat. Hindus aus Indien bewahren diese Identität, wo sie auch leben und welchen Beruf sie auch ausüben. Der Hinduismus ist nicht nur eine Religion im engeren Sinne, sondern auch die Lebensweise der Hindus, er umfasst alle Bereiche des Lebens.

Texte in den runden ***Klammern*** *enthalten Ergänzungen und Erklärungen bzw. Erläuterungen, Übersetzungen und Sanskritwörter; eckige Klammern werden dagegen benutzt, wenn in einem Zitat eine Textstelle ausgelassen wird, aber auch für Klammern, die im Zitat vorkommen.*

Die ***Sanskritkomposita*** *werden zum Teil mit dem Bindestrich geschrieben, um den Lesern entgegenzukommen, obwohl in Indien Sanskrit nicht so geschrieben wird.*

Für einige Sanskritwörter gibt es ***verschiedene Schreibweisen****, z.B. Upanishad, Upanisad, Upanischad etc. Alle Varianten sind Kompromisse, da nur mit diakritischen Zeichen die korrekte Wiedergabe möglich ist. In diesem Heft wird von der Autorin stets Upanishad geschrieben, die zitierten Texte geben die jeweilige Schreibweise des Autors wieder.*

Danksagung
Mein Dank geht an meine Tochter Agrani Rump, die selbst zum Zeitpunkt der Entstehung des Manuskripts den dreizehnten Jahrgang eines Gymnasiums besuchte, für die Beratung bei der Entscheidung, welche Aspekte des Hinduismus für das vorliegende Heft berücksichtigt werden sollen.

I. Eine erste Begegnung

Das Frühlingsfest Holi

(Die Stadt) Mathura ist auch heilig, natürlich. Schließlich ist es Krishnas »birth-place«. Hundert Meter neben dem Haupttempel liegt der »Potara Kund«, der Windelteich. Auch Götter machen in die Hosen; hier wurden sie gespült. […] Im ganzen Landkreis, überall im »holy land«, wird in diesen Tagen gefeiert. An allen Ecken und Enden hat Krishna Spuren hinterlassen. Als er auf der Flucht vor der Rache des Königs in das nahe gelegene Dorf Barsana kommt, trifft er Radha, seine Lieblingsgopi, seine Lieblingskuhmagd. Und eine Liebe bricht los wie keine andere in der Weltgeschichte. Hier fängt das Holi-Spektakel jedes Jahr im März an. […] Holi ist im Laufe der Jahrhunderte so vieles geworden. Ein Frühlingsfest, eine Erntedankfeier, […] ein Sieg des Strahlenden über das Dunkle, […] eine ganz und gar sinnlose, lustige, euphorische Verrücktheit, die hilft, für ein paar Tage das strenge Kastensystem zu überwinden. Denn wenn alle lachen, sind alle gleich. […]

Viele Paare – auch Kinder und Alte – sind als Radha und Krishna verkleidet. Sie singen und tanzen und halten – ach immer göttliche, »reine« Liebe – nur Händchen. Himmelskeusche Lieder vom Blindekuhspielen und Blumenzupfen werden endlos und begeistert nachgesungen. Reiche Kaufleute tragen ihr sündiges Karma ab und finanzieren eine Feldküche. Sadhus saugen lässig an ihren Haschpfeifen. Junge Ladies baden züchtig in voller Sari-Montur im kleinen Tempelweiher. Bettler und Verstümmelte liegen am Wegrand, winken den Vorbeiziehenden mit dem nackten Gliederstumpf entgegen, stöhnen – »Look, echt verkrüppelt« – routiniert nach Geld.
So vergehen die Morgenstunden. Friedlich und zart, nur Vorspiel. Als der rasante Nachmittag beginnt, sind alle zurückgekehrt und verstopfen die engen Gassen. Jetzt kommen die Pudersäcke zum Einsatz. Jeder schmiert jeden mit Rot, Grün, Blau und Violett ein. Noch harmlos. Viele rennen mit einer »Pichkari«, einer umfunktionierten Fahrradpumpe,

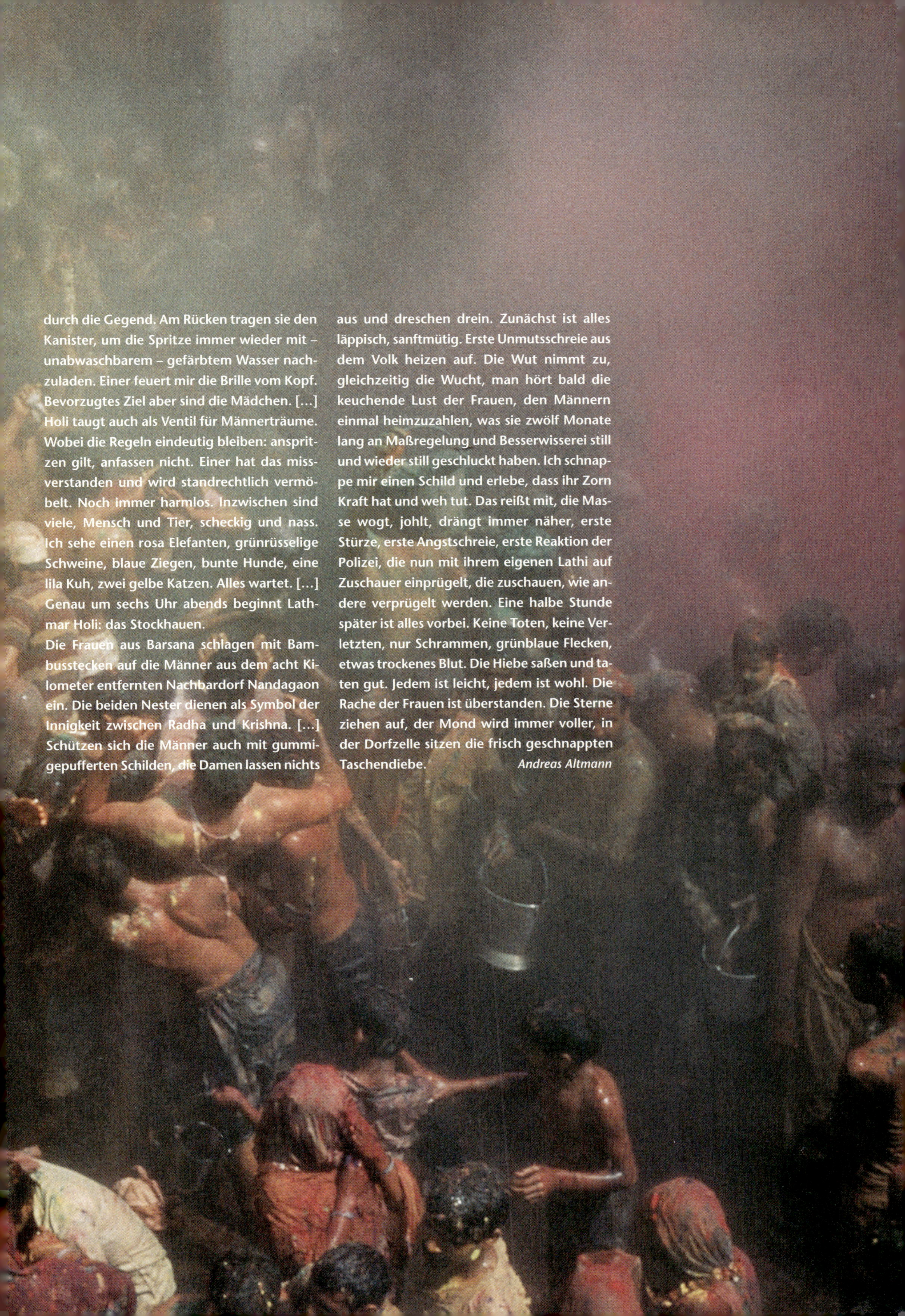

durch die Gegend. Am Rücken tragen sie den Kanister, um die Spritze immer wieder mit – unabwaschbarem – gefärbtem Wasser nachzuladen. Einer feuert mir die Brille vom Kopf. Bevorzugtes Ziel aber sind die Mädchen. […] Holi taugt auch als Ventil für Männerträume. Wobei die Regeln eindeutig bleiben: anspritzen gilt, anfassen nicht. Einer hat das missverstanden und wird standrechtlich vermöbelt. Noch immer harmlos. Inzwischen sind viele, Mensch und Tier, scheckig und nass. Ich sehe einen rosa Elefanten, grünrüsselige Schweine, blaue Ziegen, bunte Hunde, eine lila Kuh, zwei gelbe Katzen. Alles wartet. […] Genau um sechs Uhr abends beginnt Lathmar Holi: das Stockhauen.

Die Frauen aus Barsana schlagen mit Bambusstecken auf die Männer aus dem acht Kilometer entfernten Nachbardorf Nandagaon ein. Die beiden Nester dienen als Symbol der Innigkeit zwischen Radha und Krishna. […] Schützen sich die Männer auch mit gummigepufferten Schilden, die Damen lassen nichts aus und dreschen drein. Zunächst ist alles läppisch, sanftmütig. Erste Unmutsschreie aus dem Volk heizen auf. Die Wut nimmt zu, gleichzeitig die Wucht, man hört bald die keuchende Lust der Frauen, den Männern einmal heimzuzahlen, was sie zwölf Monate lang an Maßregelung und Besserwisserei still und wieder still geschluckt haben. Ich schnappe mir einen Schild und erlebe, dass ihr Zorn Kraft hat und weh tut. Das reißt mit, die Masse wogt, johlt, drängt immer näher, erste Stürze, erste Angstschreie, erste Reaktion der Polizei, die nun mit ihrem eigenen Lathi auf Zuschauer einprügelt, die zuschauen, wie andere verprügelt werden. Eine halbe Stunde später ist alles vorbei. Keine Toten, keine Verletzten, nur Schrammen, grünblaue Flecken, etwas trockenes Blut. Die Hiebe saßen und taten gut. Jedem ist leicht, jedem ist wohl. Die Rache der Frauen ist überstanden. Die Sterne ziehen auf, der Mond wird immer voller, in der Dorfzelle sitzen die frisch geschnappten Taschendiebe.

Andreas Altmann

II. Nähere Betrachtung

1. Hinführende Erläuterungen

Der Begriff Hinduismus steht für Religion, Philosophie und Ethik, für Gesetze, Gerechtigkeit, Pflichten und vieles mehr.

Die zehn wichtigsten Upanishaden sind:
Isha-, Kena-, Katha-, Taittiriya-, Aitareya-, Mundaka-, Mandukya-, Prashna-, Brihadaranyaka- und Chandogyaupanishad

❖ Welche Unterschiede gegenüber anderen Religionen und welche Gemeinsamkeiten werden beschrieben?
❖ In welchem Verhältnis stehen hier Glaube, Vernunft und Wahrheit? Worin liegt dabei die Aufgabe des einzelnen Gläubigen?

Der Begriff Hinduismus

Der Hinduismus ist ein System, das Religion, Philosophie und Ethik umfasst. Die Hindus nennen dieses System den Hindu-dharma. Die Gültigkeit dieses Systems beruht auf den heiligen Schriften Veden und Upanishaden, die den Status der Unfehlbarkeit genießen, aber dennoch nach eigenem Verstand und eigener Erfahrung ausgelegt werden dürfen. Jede den Hinduismus betreffende Aussage muss mindestens im Kern in den Veden und/oder Upanishaden zu finden sein. So muss z. B. die Behauptung, dass es Gott gibt, mit einer Stelle der Veden oder der Upanishaden zu verifizieren sein, wenn diese These für den Hinduismus insgesamt gelten soll.
Da der Hinduismus keine Gründerreligion ist, kann er seine Anfangserfahrungen als Erfahrungen auf einer niedrigeren Stufe der Wahrheitssuche beibehalten, und muss diese nicht als Ausfluss von Naturreligion oder Aberglaube abtun. Religion und Philosophie sind im Hinduismus untrennbar verbunden, weil die Upanishaden hauptsächlich philosophische Texte sind. Daraus entwickelte sich die Jahrtausende alte Tradition, dass jeder religiöse Aspekt philosophisch erläutert und begründet werden muss, um allgemein anerkannte These zu sein. Die Untrennbarkeit von Religion und Philosophie ist auch der Grund, warum im Hinduismus nicht der Glaube, sondern das Karma die zentrale Rolle spielt: mit der Lehre von Gott kann für Hindus die Ungerechtigkeit auf der Welt nicht akzeptabel erklärt werden.
Den Hinduismus kennzeichnet die Wahrheitssuche – Sadhana. Diese Wahrheitssuche beginnt mit einfachen Ritualen und führt bis zur Meditation über die absolute gestaltlose Wahrheit. Auf diesem Weg gibt es unzählige Phasen, die der Wahrheitssuchende durchläuft. Der Hinduismus als System begleitet ihn während der ganzen Reise durch spirituelle und materielle Bereiche und in jeder Lebenslage. Da dieses System einen Hindu sein Leben lang leitet und 82% der Inder Hindus sind, ist der Hinduismus gleichzeitig die Kultur Indiens. Ein weiterer Aspekt des Hinduismus ist seine Offenheit gegenüber anderen Religionen bzw. Kulturen. Er versucht, Unbekanntes in seine Religion zu integrieren. Diese Offenheit und die Fähigkeit, sich den neuen Bedürfnissen der Angehörigen anzupassen, verleiht dem Hinduismus seine Lebenskraft. Der Hinduismus ist keine Skulptur, die von einem Künstler für alle Zeit fertiggestellt wurde, sondern eine Überzeugung, die je nach Bedarf wächst, sich verändert und rationalisiert, ohne sich von den Hauptaussagen der Veden und der Upanishaden zu trennen. Solange der Hinduismus diesen Geist pflegt, wird er eine lebendige Religion bleiben.

Dezentrale Strukturen

Wir beginnen eine Religion, stellen eine Reihe von Dogmen auf, begehen Verrat am Ziel der Menschheit und tun, als wären wir alle gleich. Nicht zwei Menschen denken gleich oder haben den gleichen Körper ... Nicht zwei Menschen haben die gleiche Religion ...
Wer religiös werden will, darf nicht durch die Tür einer der organisierten Religionen gehen. Sie richten mehr Schaden an als Gutes, denn sie verhindern die individuelle Entwicklung. Studiere alles, aber halte an deinem eigenen Standpunkt fest. Höre auf meinen Rat und stecke den Kopf nicht in eine Falle. In dem Moment, wo sie versuchen, die Schlinge zuzuziehen, zieh den Kopf weg und geh woanders hin. Wie die Biene von vielen Blüten Honig sammelt und nicht an eine Blume gebunden ist, so sei auch du ungebunden. Geh nicht durch die Tür einer organisierten Religion. Religion ist etwas zwischen dir und Gott, und keine dritte Person darf sich dazwischenstellen. Denke daran, was diese organisierten Religionen angestellt haben! Welcher

Napoleon war schrecklicher als diese religiösen Verfolgungen? Wenn wir etwas zusammen organisieren, beginnen wir, alle andern zu hassen. Es ist besser, nicht zu lieben, wenn lieben bedeutet, andere zu hassen. Das ist nicht Liebe, das ist die Hölle. Wenn das Lieben seiner eigenen Angehörigen bedeutet, alle anderen zu hassen, dann ist das höchste Selbstsucht und Rohheit, und die Wirkung ist, dass man zum Scheusal wird.
Wir wollen nicht mehr Anhänger von Bekenntnissen und Sekten mit begrenzten Vorstellungen von Gott sein, sondern Ihn in allen Dingen des Universums sehen. Wer Gott erkannt hat, findet überall dieselbe Verehrung wie im eigenen Herzen.
Werde all diese begrenzten Vorstellungen los, und sieh Gott in jedem Menschen, wie Er mit allen Händen arbeitet, mit allen Füßen geht, mit allen Mündern isst. In jedem Wesen lebt Er, in allen Menschen denkt Er. Er ist aus sich selbst bewiesen und uns näher als wir selbst. Dies zu erkennen ist Religion, ist Glauben, und möge es Gott gefallen, uns diesen Glauben zu schenken! Wenn wir diese Einheit verspüren, werden wir unsterblich.

Swami Vivekananda

Zugehörigkeit zum Hinduismus

Man wird als Hindu geboren, wenn Mutter und Vater Hindus sind. Ist nur ein Elternteil Hindu, kann das Kind im Erwachsenenalter selbst entscheiden, welche Religion es praktizieren möchte. Wächst das Kind in einem hinduistisch geprägten Umfeld auf, wird es vom Säuglingsalter an in die hinduistische Religions- und Gesellschaftswelt integriert. In Deutschland wird ein Kind, dessen Vater ein indischer Hindu, die Mutter aber eine deutsche Christin ist, in aller Regel in seiner Kindheit und Jugend vom Christentum geprägt. In umgekehrten Fällen, wenn der Vater Christ oder Atheist ist und die Mutter eine indische Hindu, entscheiden sich die Kinder in ihrer Jugend mehrheitlich für den Hinduismus. Gemäß der Tradition müssten sich diese Jugendlichen entweder von einem Guru oder von einer anerkannten Institution als Hindu einweihen lassen. In der Gegenwart gibt es jedoch die Praxis, dass ein Kind allein durch sein Bekenntnis zum Hinduismus zu dieser Religion gehört. Es erhält die Kaste und den Liniennamen (Gotra) der Mutter. Sichtbar wird dies daran, dass der Priester für dieses Kind gemäß den Bestimmungen der heiligen Schriften die Opfergabezeremonie vor einem Götterbildnis vollzieht. Von diesem Kind wird erwartet, dass es die festen Bestandteile des Hinduismus anerkennt und nach der hinduistischen Ethik und Moral lebt.

Bekehrung

Übertritt zum Hinduismus ist möglich. Ein solcher Wunsch sollte einer anerkannten Institution, wie etwa der »Ramakrishna Mission« mit weltweit über 130 Zentren, vorgetragen werden.
In aller Regel liegen in dem Versuch der Bekehrung von Angehörigen eines fremden Kulturkreises zur eigenen Religion große Schwierigkeiten, da jeder in seiner Kultur verhaftet ist. Eine Massenbekehrung würde die Konvertiten der Kultur ihres Landes entfremden, sie begriffen aber auch nicht die Tiefe ihrer neuen Religion, die aus einem fremden Kulturkreis zu ihnen gekommen ist. Daher vertreten die Hindus die Meinung, dass höchstens Einzelne bekehrt werden sollen.

❖ *»Wer ist Hindu?« – Stellen Sie in einer Mindmap die verschiedenen Möglichkeiten dar, die beschrieben werden.*

2. Der Hinduismus als Gesellschaftssystem

Sadhus, wörtlich: gute (Menschen), sind in der Regel Sannyasin. Bestimmten Richtungen zugehörige Sadhus, die obskure Rituale vollziehen, werden von der Gesellschaft gemieden.

Die Weltentsager (sannyasis)

Die Weltentsager sind die Wahrheitssuchenden, die die Suche nach vorläufigen Zielen aufgegeben haben und sich gänzlich auf die Mukti (Befreiung) konzentrieren. Die hinduistische Tradition verlangt, dass Weltentsager ihre Familie und ihren Wohnort verlassen und sich nirgendwo dauerhaft niederlassen. Als ideale Wohnorte dieser religiösen Einsiedler gelten Berge und Wälder, die so weit von Dörfern und Städten entfernt sind, dass sie ungestört meditieren, aber auch gleichzeitig zu Fuß den nächsten Wohnort erreichen können. Die Tradition sieht vor, dass Sannyasis von Almosen und Essbarem, das im Wald wächst, leben. Die Weltentsager genießen den höchsten Respekt der Gesellschaft und gelten als ideale Menschen. Gegen Ende des 19. Jahrhunderts führte Swami Vivekananda* im Hinduismus eine neue Art von Weltentsagertum ein. Der von ihm gegründete Orden, der als »Ramakrishna Math« und »Ramakrishna Mission« bekannt ist, ist inzwischen eine weltweite Institution. Weltentsager, die zu diesem Orden gehören, führen nicht das Leben der religiösen Einsiedler. Sie leben in ihren dörflichen und städtischen Klöstern und arbeiten für die Alphabetisierung, Bildung und allgemeine Wohlfahrt der Menschen. In den Augen dieser Weltentsager wäre das Streben nach individueller Mukti (Befreiung) Ausdruck von Egoismus, da in Indien Millionen Menschen ein menschenunwürdiges Leben führen. Daher ist diesen Sannyasis der Dienst am Menschen genauso wichtig wie die Meditation. Der Orden wird hauptsächlich von Spenden getragen und findet immer mehr Anklang in der Gesellschaft. Sowohl für die traditionellen Sannyasis als auch für die Weltentsager der »Ramakrishna Matha« und »Ramakrishna Mission« gilt der schon in den Upanishaden festgelegte Grundsatz, dass ein Weltentsager nichts besitzen darf außer seiner Kleidung, seinen Büchern und seinem eigenen Essgeschirr. Für die Weltentsager gelten nicht die Kastenregeln, da sie als spirituelle Menschen der Gesellschaft übergeordnet sind. Vor einem Weltentsager muss sich sogar der König verneigen. Da in Indien große Arbeitslosigkeit herrscht, findet man häufig Sadhus, auch eine Art Weltentsager. Diese Menschen leben von Spenden und Almosen und versichern, dass sie die vorläufigen Ziele aufgegeben haben und nur noch die Mukti (Befreiung) anstreben. Diese Sadhus findet man in großer Zahl an Wallfahrtsorten, bei Tempeln und ähnlichen religiösen Orten und Plätzen, wo die Freigebigkeit groß ist.

** zu Swami Vivekananda siehe S. 21, 52–54*

Ein Sadhu im indischen Girnar. Der Dreizack deutet drauf hin, dass er ein Verehrer des Gottes Shiva ist.

Die Laien und der Varnashrama-dharma (das Kastensystem)

Für die Laien kennt der Hinduismus zwei Lebensweisen, den Varnashrama-dharma – das Kastensystem – und den Caturashrama-dharma (kurz: Ashrama-dharma) – die vier Lebensstadien. Die Mitglieder der hinduistischen Gesellschaft sind in vier Kasten (die Brahmanen-, die Kshatriya-, die Vaishya- und die Shudrakaste) und die Kastenlosen gegliedert. Alle, die außerhalb der Kasten geboren sind, gehören zu den Kastenlosen. Der Brahmane soll lehren, als Priester für die drei oberen Kasten das Feueropfer vollziehen, Freigebigkeit üben und Geschenke annehmen (Manu-smriti II, 88). Die Annahme von Geschenken war besonders für Lehrer notwendig, da die Schüler stets beim Lehrer wohnten und dieser alle Unkosten seiner Schüler tragen musste (Brihadaranyaka-upanishad III). Der Kshatriya soll die Aufgabe des Königs und Kriegers übernehmen, studieren, Feueropfer vollziehen lassen und freigebig sein. Der Vaishya soll sich den Wirtschaftszweigen und der Landwirtschaft widmen, studieren, Feueropfer vollziehen lassen und Freigebigkeit üben. Der Shudra soll den drei oberen Kasten dienen (Manu-smriti II, 89–91).

Das Kastensystem basiert auf der Arbeitsteilung, wobei die ethnische Zugehörigkeit ursprünglich eine Rolle gespielt hat. Als vor mehreren tausend Jahren das Kastensystem entstanden ist, gab es Sieger und Besiegte im indischen Volk, das schon damals aus mehreren ethnischen Gruppen bestand. Da die drei oberen Kasten die gleiche Bildung genossen, bildeten sie von Anfang an eine Einheit. Wie die Upanishaden berichten, haben die Brahmanen und Kshatriyas sich gegenseitig gelehrt. Nur war das Priesteramt immer den Brahmanen, das Königsamt stets den Kshatriyas vorbehalten.

Trotz westlicher Kritik sehen die Hindus im Kastensystem ein gutes Prinzip. Zum einen steht an dessen Spitze der Brahmane, der Wissen und Spiritualität verkörpert. Das Kastensystem impliziert, dass sich Krieger, Kaufleute und Dienende von materiellen zu geistigen Werten bewegen sollen. Zum anderen sieht das Kastensystem eine Arbeitsteilung vor, die der gesamten Gesellschaft zugute kommt und diese funktionsfähig hält. Aber auch die Hindus üben am heutigen Kastensystem Kritik: Steht doch in den Upanishaden, dass sogar ein Unberührbarer in diesem Leben in die Brahmanenkaste aufsteigen kann, wenn er dieselben Schriften studiert und denselben ethischen Regeln folgt, die für einen Brahmanen vorgeschrieben sind (Chandogya-upanishad IV, iv, 1–5). Im Laufe der Zeit ist diese Großzügigkeit jedoch verloren gegangen und die Kastenzugehörigkeit allein durch die Geburt festgelegt worden. Seit dem 19. Jahrhundert ist eine Bewegung im Kastensystem zu beobachten: Zunächst waren es einzelne Hindus, hinduistische Organisationen und Institutionen, die anfingen, die unteren Kasten und Kastenlosen mittels Bildung und Erziehung zu erheben – wozu sie sich indirekt durch die Arbeit der christlichen Missionare anregen ließen. Später, nach der Unabhängigkeit im Jahre 1947, beteiligte sich der Staat an dieser Aufgabe. Heute laufen Privatinitiativen und staatliche Bemühungen parallel. Auch durch Quotierung versucht der Staat die Privilegien der drei oberen Kasten abzuschaffen. Ein Jahrtausende altes System kann jedoch nicht in nur wenigen Jahrzehnten nachhaltig verändert werden.

Der Caturashrama-dharma

Der Caturashrama-dharma (die vier Lebensstadien) ist im Gegensatz zum Kastensystem eine Empfehlung. Die vier Stadien, durch die ein Laie gehen soll, sind: Brahmacarya – das Studium; Garhasthya – das Leben als Familienmitglied; Vanaprastha – das Zurückziehen in die Einsamkeit des Waldes und Sannyasa – das Entsagen der Welt. Der Ashrama-dharma basiert auf der Erkenntnis, dass das Leben als eine Reise zur Wahrheit zu sehen ist. Eingedenk der Tatsache, dass alle Stationen vorübergehende Phasen sind, wird das Bewusstsein nicht von Egoismus und Besitztum geprägt sein. Vielmehr wird innere Harmonie und Frieden erzeugt werden, die sich im Umgang mit den Mitmenschen äußern. Folgt die Gesellschaft dem Ashrama-dharma, kommt ihr dies insgesamt zugute.

❖ *Gibt es in unserer Kultur inhaltlich ähnlich bestimmte, klar unterscheidbare Lebensphasen?*

1. Das Brahmacarya

– das Studium – beginnt mit der Einschulungszeremonie »Upanayana«. Das Upanayana – wörtlich »in die Nähe bringen« – soll von den Eltern für ihre Söhne vollzogen werden. Obwohl die Upanishaden Akademikerinnen kennen, die am öffentlichen Gelehrtenleben teilnahmen, sagen die heiligen Schriften nicht eindeutig, ob auch für Töchter das Upanayana vollzogen wurde. Die Brahmanen erhielten das Upanayana mit sieben, die Kshatriyas mit zehn und die Vaishyas mit elf Jahren (Manu-smriti II, 36). An den Shudras und den Kastenlosen dagegen wurde das

Upanayana nicht vollzogen. Nach dem Upanayana kam der Brahmacari – der Student – zur Schule. Diese Schulen befanden sich in den Wäldern, die so gelegen waren, dass man zu Fuß die nächste Stadt erreichen konnte. Alle Kosten übernahm der Guru – der Lehrer. Er besorgte das Geld für seine Familie und die Schule, indem er von reichen Leuten in der Stadt Spenden sammelte, am Gelehrtenstreitgespräch teilnahm oder den König unterrichtete. Die Upanishaden berichten detailliert über diese Schulen im Wald, die Tapovana und Ashrama genannt wurden. Neben den Veden und upanishadischen Lehren musste der Student das Vedanga – das Glied der Veden – studieren. Das Vedanga bestand aus 1. Shiksha – korrekte Aussprache und Artikulation, 2. Chandas – Metrik, 3. Vyakarana – Grammatik, 4. Nirukta – Erläuterung und Erklärung, 5. Jyotisha – Astronomie und 6. Kalpa – Zeremonien. Zusätzlich zu diesen obligatorischen Fächern musste der Student Manieren und praktische Arbeiten, wie Melken, Feuerholz sammeln und handwerkliche Techniken, lernen. Während des gesamten Studiums blieb er bei seinem Lehrer. Er musste Keuschheit praktizieren. Nach der Abschlussprüfung wurde er von diesem zeremoniell verabschiedet. Als Dank für alles, was der Lehrer ihm beigebracht hatte, brachte der Schüler dem Lehrer ein symbolisches Geschenk dar. Danach hieß er »Snataka« – der Gebadete.

Während der islamischen Herrschaft in Teilen Nordindiens wurden diese Schulen geschlossen. In Südindien – wo der Islam nicht Fuß fasste – konnten sie jedoch weiterhin existieren. Dadurch blieb das Ideal der Internatsschule in Indien erhalten. Es gibt heute in ganz Indien religiöse und säkulare Schul- und Universitätsinternate, die versuchen, das ursprüngliche Ideal des Studiums und des Studentenlebens wiederzubeleben.*

** siehe dazu auch S. 54–57 (Das Internat Visva-Bharati, Santiniketan)*

2. Das Garhasthya

– das Stadium des Familienlebens – wird nach dem Studium angetreten. Der Snataka verabschiedet sich von seinem Lehrer, verlässt die Schule und kommt nach Hause zurück. Nun wird er eine Frau aus seiner Kaste und seinem Stand heiraten und gemeinsam mit ihr eine Familie gründen. Philanthropie ist eine wichtige Aufgabe des Familienvaters, denn auch sein Studium wurde von den anderen Familienvätern finanziert. Er wird versuchen ein liebender Ehemann und ein gerechter Vater zu sein und die täglichen Pflichten eines Familienvaters zu erfüllen. Diese Pflichten sind das Lesen der heiligen Schriften, Opfergabe an Ahnen und an Götter, Fütterung der Tiere und Pflege der Pflanzen sowie die Bewirtung mindestens eines Menschen, der nicht zur Familie gehört. Der Grihastha – der Familienvater – muss auch die obligatorischen Anlasszeremonien, wie das Upanayana, die Hochzeit der Familienangehörigen, die Totenzeremonie vollziehen bzw. von einem Priester vollziehen lassen. Die religiösen Rituale spielen eine wichtige Rolle in seinem Leben. Als ein erwachsenes Mitglied der Gesellschaft trägt er überdies besondere Verantwortung für sie und muss ihnen stets zu Diensten stehen.

3. Die Zeit für den ***Vanaprastha*** – das Stadium des religiösen Einsiedlers – ist gekommen, wenn die Enkelkinder geboren, die eigenen Haare grau und die Muskeln schwach geworden sind. Der Familienvater überträgt nun sein Eigentum und die damit verbundenen Pflichten auf seinen Sohn und zieht entweder allein oder mit seiner Frau in den Wald. Auch als religiöser Einsiedler muss er einige Pflichten des Familienvaterstadiums erfüllen, z. B. weiterhin die Feueropfergabe für Ahnen und Götter vollziehen. Seine Hauptaufgabe ist jedoch die theoretische und praktische Beschäftigung mit der Lehre des Hinduismus. Die religiösen Rituale werden von der Meditation abgelöst.

Auch wenn heute die Hindus nicht in den Wäldern leben, wenn sie älter werden, ziehen sie sich dennoch vom aktiven Familienleben zurück und widmen sich der Religion. Sie besuchen häufiger den Tempel, sind eifrige Zuhörer von Lesungen heiliger Texte und von Vorträgen über den Hinduismus und unternehmen große und kleine Pilgerfahrten. Weil sich die Eltern in die Angelegenheiten der Kinder, die nun selbst Eltern geworden sind, nicht einmischen, lebt man in Indien gern in der Großfamilie.

4. Der Sannyasa

Siehe S. 10: Die Weltentsager (sannyasis)

3. Das Erscheinungsbild

Heilige Schriften

Die zentralen Aussagen des Hinduismus sind in seinen heiligen Schriften enthalten. Diese werden in zwei Kategorien unterteilt: Shruti, das Gehörte, und Smriti, das aus dem Gedächtnis Erinnerte. Sie wurden auf Sanskrit verfasst und sind für die meisten Hindus heute ohne Übersetzung nicht verständlich.

Shruti, die unfehlbaren und verbindlichen Heiligen Schriften

Die Wahrheiten, welche die Shruti verkünden, gelten für alle Zeiten. Zu dieser Kategorie gehören die vier Veden (Rigveda, Samaveda, Yajurveda und Atharvaveda), die Brahmanas, die Aranyakas und die älteren und gleichzeitig wichtigsten Upanishaden. Die vier Veden werden zusammen Samhita, d. h. Sammlung, genannt. Die gesamte Shruti-Literatur wird von den Hindus die Veden genannt. [...] (Der Rigveda, das älteste Buch des Hinduismus, wurde nach Meinung der indischen Gelehrten um 5000 oder 4500 v. Chr., nach Auffassung vieler Gelehrten in Europa und Amerika zwischen 1200 und 800 verfasst.) Das wichtigste Mantra der Hindus, das Gayatrimantra, stammt aus dem Rigveda (Rigveda, III, 62, 10).* [...] Die Brahmanas geben genaue Anweisungen für die Opferzeremonien. Die Aranyakas und Upanishaden sind philosophische Werke. Alle religiösen Behauptungen und Aussagen eines Hindus müssen mit der Shruti belegt werden. Die Upanishaden sind die Basis aller hinduistischen Philosophien.

Smriti, die richtungweisenden Heiligen Schriften

Die Smriti haben nicht die hohe Stellung der Shruti. Ihre Aussagen dürfen angefochten werden. Zur Smriti gehören die Dharmashastras, die Puranas und die Epen. Die Dharmashastras sind Bücher, die sich hauptsächlich mit Ethik, Moral, täglichen Verhaltensregeln, Politik, Gesetzen und obligatorischen Zeremonien befassen. Die Gültigkeit der Bestimmungen der Dharmashastras ist nicht zeitlos. Sie sind an die Bedürfnisse der Gesellschaft gebunden. Das wichtigste Dharmashastra ist die Manusmriti. Dieses Buch dient auch heute noch als Basis der indischen Gesetze. So geht z. B. das Gesetz der Eheschließung nach dem »Hindu Law« auf die Manusmriti zurück. Die Puranas sind Devotionsliteraturen.* Es gibt achtzehn Hauptpuranas, die entweder den Göttern Brahma, Vishnu oder Shiva oder Gott Shiva gemeinsam mit Göttin Kali gewidmet sind. Sie berichten von der Schöpfung, Zerstörung und Erneuerung des Universums, der Genealogie der Götter und Patriarchen, der Herrschaft der Manus, welche die vierzehn sukzessiven mythischen Stammväter und Herrscher der Welt sind, der Geschichte der Sonnen- und Mondlinien sowie von den Heldentaten und dem Ruhm der Götter und preisen Gottesliebe und Gotteshingabe. Die beiden Epen heißen Mahabharata und Ramayana. Das Mahabharata ist ein umfangreiches Werk. [...] Die (im Mahabharata enthaltene) Bhagavadgita ist die beliebteste heilige Schrift der Hindus. Die wichtigsten religiösen Gedanken des Mahabharatas sind die Ethik, die Moral und die Devotion. Das Ramayana ist ein devotionales Werk, das die Lebensgeschichte des Gottes Rama erzählt.

** der Andacht dienende Literatur*

** siehe S. 14*

Mantra

Ursprünglich galten die Hymnen des Rigveda als die Mantras, die zur feierlichen Feueropfergabe zu verschiedenen Anlässen und vor dem Hausaltar rezitiert und gesungen wurden. Obwohl sehr früh einzelnen Hymnen übernatürliche Kräfte zugesprochen wurden, grenzte der Mantrakult erst später an Zauberei. Der vierte Veda, Atharvaveda, war nicht das Produkt einer priesterlichen Auffassung der Religion, sondern der populären Religion der Inder. Daher war er lange Zeit nicht als ein Veda anerkannt. Das Buch berichtet von Asketen, die mit ihren übernatürlichen Kräften Götter und Natur besiegten. Kraft der Zauberei wurden Krankheiten geheilt und Unglücke beseitigt. Parallel zu den Hymnen-Mantras der Rigvedas und den Zauberei-Mantras des Atharvaveda entwickelte sich eine

Die Abbildung im Hintergrund und neben den Seitenzahlen im gesamten Heft zeigt die Silbe Om. Sie ist die heilige Silbe der Veden, die als Hinweis auf die absolute Wahrheit ausgesprochen wird. Siehe auch S. 34

Deckenmalerei im Tempel von Chidambaram

dritte Art von Mantras, mit denen man meditierte. Diese Mantras waren zum Teil eine einzige Silbe, z.B. »Om«. Zum Teil sind sie in den Upanishaden zu finden. Sie haben eine tiefere Bedeutung, auf die sich der Meditierende konzentrieren soll. Die verschiedenen Auffassungen vom Mantra sind bis heute lebendig. Für die einen ist der Mantra etwas, das ihnen bei der Meditation hilft, für die anderen ist er eine Zauberformel. Die vedischen Mantras werden allgemein von den Hindus aus allen Gegenden zu Meditationszwecken und zu bestimmten Anlassritualen, z.B. zur Einschulung, Hochzeit, Totenzeremonie, rezitiert. Der beliebteste und meist rezitierte Gebets- und Meditationsmantra der Hindus ist der Gayatri-mantra aus dem Rigveda. Dieser Mantra, der jeden Tag von vielen Hindus aus den drei oberen Kasten gesprochen wird, bittet die absolute Wahrheit um die Förderung des eigenen Intellekts, damit der Einzelne diese erfassen kann.

Gayatri-mantra,
Rigveda iii,62,10

Om bhur bhuvah svah!
Tat savitur varenyam
Bhargo devasya dhimahi
Dhiyo yo nah pracodayat

Om, die Erde, die Atmosphäre und der Himmel (Die Räume werden aufgerufen, weil Brahman alle Räume ausfüllt)! Wir meditieren über den spirituellen Glanz der absoluten Wahrheit. Möge sie unsere Intelligenz anregen, damit wir diese erfahren.

Meditation

Die Meditation entstand mit den Aranyakas (siehe S. 13). Mit der Zeit ging die Frische und der Geist der Religion, die im Rigveda zu finden sind, verloren. Samaveda und Yajurveda, die Nachfolger des Rigveda, sind Zeugnisse davon, dass nunmehr die Form und nicht der Inhalt der Religion wichtig wurde. Die Liturgie und das Priestertum nahmen Formen an. Handbücher für Rituale entstanden. Als Reaktion auf das Priestertum entwickelte sich die Meditation. Viele zogen sich in die Wälder zurück in der Meinung, dass die in den Veden beschriebenen Feueropfergaben nicht tatsächlich, sondern nur symbolisch, nämlich in der Meditation, vollzogen werden sollen. Ziel sei dabei, innerlich vom Groben zum Feinen, von der Form zum Formlosen zu gelangen. Wer sich z.B. einen Gott für seine Meditation aussucht, soll zuerst über die ganze Erscheinungsform des ausgesuchten Gottes meditieren. Kann er sich gänzlich darauf konzentrieren, soll er seine Gedanken auf ein Körperteil dieses Gottes (z.B. das Gesicht oder die Augen) richten. Ist er darauf fokussiert, muss er versuchen, sich auf ein Attribut dieses Gottes zu konzentrieren usw. Der Hindu muss damit fortfahren, bis er in der Lage ist, seinen Geist in das formlose Brahman zu versenken. Neben der Meditation über Götter gibt es auch andere Varianten. Der Hindu kann sich z.B. das Universum als eine einzige, kosmische Person (Virat: ein großer Mensch) vorstellen. Die weitere Stufenfolge dieser Meditation kann dann so aussehen: Wahrnehmung des Universums als eine Person aus sinnlich nicht wahrnehmbarem Feinkörper (Hiranya-garbha; wörtlich: das goldene Ei); Vorstellung des Universums als allmächtiger, allwissender, allgegenwärtiger Gott; Meditation über das Universum als die formlose absolute Wahrheit. Die Meditation ist fester Bestandteil des Hinduismus.

Gott und Götter

Der monotheistische Gott, Schöpfer, Erhalter und Zerstörer der Welt, ist im Hinduismus eine Manifestation der höchsten formlosen Wahrheit (Brahman) wie alle anderen Lebe- und Nichtlebewesen des Universums auch. Allerdings ist die Manifestation eines Gottes mächtiger als jede irdische Manifestation. Gott ist das personifizierte Brahman. Er besitzt Macht, Rechtschaffenheit, Ruhm, Pracht, Wissen und Losgelöstsein. Hindus, die sich die Wahrheit nicht als etwas Formloses vorstellen können oder wollen, betrachten Gott als die Wahrheit. Ihre Verehrungszeremonien, Meditationen und Gebete richten sie auf einen Gott. Durch ihre religiösen Praktiken soll es diesen Menschen aber im Laufe der Wiedergeburten gelingen, spirituell so weit fortzuschreiten, dass sie sich die Wahrheit als etwas Formloses vorstellen und diese letztlich auch erleben können. Dann erst endet der Kreislauf der Wiedergeburten. Gott ist ein Hilfsmittel, zum formlosen Brahman zu gelangen. Die beliebtesten Bezeichnungen für Gott sind Ishvara (Herrscher) und Bhagavan (Gnädiger Herr). Hindus glauben an zahlreiche Götter. Jeder Gott kann als monotheistischer Gott betrachtet, zeremoniell verehrt und meditiert werden.

Der Gott Vishnu

Vishnu wird stets als Nila-megha-syama, »der den Farbton der Regenwolke Besitzende«, beschrieben. Da wir den leeren Raum dunkelblau wahrnehmen, wird Vishnu auch die alldurchdringende kosmische Macht genannt. Er wird verschieden dargestellt, meistens jedoch mit einem Gesicht und vier Armen, die eine Muschel, ein Rad, eine Keule und eine Lotusblüte tragen. Auf den lockigen Haaren auf seiner linken Brustseite hängt eine Halskette mit dem berühmten Edelstein Kastubha. Vishnu trägt eine Girlande aus Edelsteinen oder aus Blumen, die Vaijayanti heißt. Die vier Arme von Vishnu repräsentieren die vier Himmelrichtungen und deuten an, dass er überall absolute Macht besitzt. Die Muschel steht für die fünf Elemente – Erde, Wasser, Feuer, Wind und Äther –, das Rad für den kosmischen Gedanken, die Keule für den kosmischen Intellekt und die Lotusblüte für die sich stetig entfaltende Welt. Die lockigen Haare auf der linken Brust veranschaulichen alle Objekte des Genusses, der Edelstein Kastubha steht dabei für die Genießer selbst. Die Girlande Vaijayanti symbolisiert die Elemente in ihrer Feinform. Manchmal trägt Vishnu auch ein Schwert und einen Bogen, die jeweils die Weisheit und kosmische Sinnesorgane darstellen. Vishnu wird immer wieder geboren, um auf der Welt Ordnung zu schaffen. Diese Inkarnationen Vishnus werden Avataras (»die Herabgestiegenen«) genannt. Die vishnuitischen heiligen Schriften erzählen von zehn Inkarnationen: als Fisch, als Schildkröte, als Eber, als Menschlöwe, als Zwerg, als Asket Parashurama, als Held Rama, als Held und Lehrer Krishna (gemeint ist Gott Krishna) und als Buddha. Seine zehnte Verkörperung ist noch nicht vollzogen. Wenn die Zeit dafür reif ist, wird er als Reiter Kalki auf der Welt erscheinen, sie zerstören und ihr damit einen Neuanfang ermöglichen.

Devi, die Göttin

Der Hinduismus hat ein ambivalentes Verhältnis zum Weiblichen. Die Frau ist als Gesellschaftsmitglied dem Mann untergeordnet, als Erscheinung der absoluten Wahrheit aber den männlichen Göttern gleichgestellt. In Devimahatmya – die Glorifizierung der Göttin – wird sie als die Schöpferin, Erhalterin und Zerstörerin der Welt bezeichnet; die Göttin ist der Uranfang der kosmischen Welt und die Schöpferin von Gott Vishnu, Gott Brahma und Gott Shiva. Die Göttin wird auch als die Shakti – die Energie – eines bestimmten Gottes verstanden. Sie verkörpert die absolute gestaltlose Wahrheit (das Brahman) und hat dabei unzählige Erscheinungsformen.

Die Göttin Durga*

** Durga ist eine Erscheinungsform von Devi, der Göttin. Siehe auch S. 17 f.: Durgapuja.*

In den Volkskulten, die nach der Zeitenwende in den Brahmanismus einbezogen wurden, nahm die Verehrung der Durga einen besonders wichtigen Platz ein: ihre Anhänger waren ebenso zahlreich wie glaubensintensiv. Die Göttin wurde als die personifizierte lebensspendende und zugleich zerstörerische Kraft der Natur verehrt. Sie beschützt die Menschen und steigt immer dann zur Welt herab, »wenn durch Dämonen Bedrängnis entsteht«. Durga verlangt von ihren Anhängern vollkommene Unterwerfung. Nur das größte aller Opfer – in den Volkskulten der frühesten Zeiten das Menschenopfer, später durch das Tieropfer verdrängt – kann die Göttin dazu bewegen, ihren lebensspendenden Aspekt wirksam werden zu lassen. In mildtätiger Form ernährt sie die Menschen und Tiere. […] Ihre zerstörerische Tendenz wird offenbar, wenn sie erzürnt ist oder ihr destruktiver Aspekt als lebenserhaltend notwendig wird. In den sivai-

Die Göttin Durga

* drei Götter: Brahma, Vishnu und Shiva, zuständig jeweils für die Schöpfung, Erhaltung und Zerstörung

tischen Kulten ist Durga die Sakti (Energien) von S[h]iva. Die Anhänger Visnus sehen in ihr eine Schwester von Visnu. Somit steht Durga zu beiden Hauptgottheiten der hinduistischen Trimurti* in Beziehung. Zu ihren Grundattributen zählen der Diskus [Cakra] und die Muschel der Gottheit Visnu – neben vielen Waffen, die ihr das männliche Gegenüber Siva verliehen hat. Ferner trägt sie den Schmuck Sivas und die gleiche Krone, und sie wird häufig dreiäugig dargestellt. Durgas Tragtier ist der Löwe. *Eckard Schleberger*

Götterbild und Gottesverehrung im Tempel

Mehr oder weniger ausdrücklich sind sich die Hindus der Tatsache bewusst, dass ein Götterbild von Menschenhand gemacht ist und daher nicht von vornherein ein Gott oder der Gott »ist«. [...] Wenn ein Götterbild jedoch nicht als von selbst entstanden gilt, dann muss es mit einer eigenen Zeremonie installiert werden. Der Atem, das Leben der Gottheit wird in das Bild heruntergerufen; es werden ihm die Augen geöffnet [indem mit einer Nadel in die Augen des Götterbildes gestochen wird]. Ist ein Götterbild fest installiert, dann bleibt die Gottheit anwesend, dann muss aber auch regelmäßig zeremonielle Verehrung dargebracht werden. Es gibt aber auch den Brauch, ein Götterbild nur zu einem bestimmten Anlass, z. B. einem Fest, zu installieren [...], welches nach Beendigung der Verehrung sofort aufhört, »Gott« zu sein [es wird nach Möglichkeit ins Wasser geworfen]. Oft ist das Vernichten eines Götterbildes [*visarjana*] mit nicht weniger Pomp verbunden als seine Aufstellung, z. B. zum Abschluss der neuntägigen Verehrung der Göttin Durga, die üblicherweise vor jährlich neu geschaffenen Darstellungen der Göttin stattfindet.

Wird ein Götterbild zeremoniell verehrt [*pūjā*], so geschieht das im Tempel zu festgelegten Tageszeiten, in Privathaushalten sind es oft die Frauen, die das häusliche Götterbild verehren und vor ihm z. B. die Mahlzeiten darbringen, die dadurch gesegnet werden. Folgt der Verehrende allen Vorschriften und Regeln, so muss er zunächst sich selber vorbereiten. Er muss selbstverständlich »rein« sein, d. h., der Gottesdienst erfolgt nach dem täglichen Bad und vor der Mahlzeit. Ein immer wieder geübter Brauch der rituellen Reinigung ist das Schlürfen von Wasser aus der hohlen Hand [*ācamana*]; damit beginnt die Verehrungszeremonie. Normalerweise sitzt man dazu in meditativer Haltung auf dem Boden. [...] Der Mensch selber wird vorübergehend zum Tempel, die Gottesverehrung ist auch ein Akt der Vergöttlichung. Als eine Form von Meditation kann hier das Murmeln [*japa*] eines Gebets an die Gottheit oder ihren

❖ *Welche Bedeutung haben das Gebet und die gemeinsame Zeremonie des Gottesdienstes?*

❖ *Vergleichen Sie die Formen des hinduistischen Gebetes und des Gottesdienstes mit Ihnen bekannten Formen in anderen Religionen.*

Der Ramakrishna-Tempel in Belur Math

Namen folgen. Nach diesen vorbereitenden Handlungen beginnt der eigentliche Dienst am Götterbild. Es wird gewaschen [mit Wasser übergossen, oder es werden nur die Füße des Bildes benetzt], gesalbt, mit Sandelholzpaste bezeichnet [ähnlich wie der Verehrer an seinem Körper Zeichen aus Sandelholzpaste oder Asche trägt]; dann werden Blumen dargebracht und weißes und rotes Puder gestreut, die Gottheit wird beweihräuchert, und es wird eine brennende Lampe dargebracht, bevor schließlich die Opferung der Speisen erfolgt, die von einer Geldspende [im Tempel] begleitet oder gefolgt ist.

In mancher Hinsicht der Höhepunkt der Verehrungszeremonie ist, wenn jetzt eine mehrflammige Öllampe vor und um das Götterbild geschwenkt wird [*ārati*; so wird auch manchmal die ganze Verehrungszeremonie, besonders am Abend, genannt]. Die Lampe wird anschließend den Anwesenden dargeboten, die ihre Hände über die Flamme halten und mit einer Handbewegung gleichsam das Licht, die göttliche Energie und den davon ausgehenden Schutz auf sich übertragen. Abschließend werden nochmals Blumen über das Götterbild gestreut, und man umwandelt es. Die Rezitation von Verehrungsformeln mit Hilfe des Rosenkranzes folgt – nicht gemeinsam, sondern jeder rezitiert für sich. Die Riten, die hier anhand ihrer Hauptbestandteile beschrieben wurden, werden im Tempel meist nur vom Priester in ihrer ganzen Ausführlichkeit durchgeführt. Die einzelnen Tempelbesucher statten dem Tempel oft nur einen kurzen Besuch ab. Vor dem Betreten des Tempels werden die Schuhe abgelegt. [...] Eine Blume, ein Blatt oder und Wasser, welche das Götterbild berührt haben, werden als Gegengabe empfangen. Der Priester bezeichnet die Stirn der Tempelbesucher mit einem Punkt aus rotem Puder, um deutlich zu machen, dass sie unter dem Schutz der Gottheit stehen.

Peter Schreiner

Durgapuja

Die Durgapuja ist die alljährliche Verehrung der Muttergöttin Durga. Durga ist die kosmische Energie, die höchste Wahrheit. Sie ist allmächtig, allgegenwärtig und allwissend. Durga entspricht der Schönheitsvorstellung der Inder. Sie ist jung und hübsch. Ihre Hautfarbe ist glänzend gelb. Sie trägt ihr langes, volles schwarzes Haar offen und hält mit ihren zehn Armen verschiedene Waffen. Ihr drittes Auge, das Weisheitsauge, befindet sich zwischen ihren langen schwarzen Augenbrauen. Mit ihrem rechten Fuß auf dem Löwen und mit dem linken auf der Brust des Dämons Mahishasura behält sie das Gleichgewicht und tötet ihn mit dem Speer, den sie in einer ihrer [...] Hände trägt. Im seidenen Sari und mit

Muktesvara-Tempel

Bhuvanesvar, Bez. Puri, Orissa, Muktesvara-Tempel. *L[änge] 13,50 m, H[öhe] 10,50, [...] um 950. – Der Tempel des Siva-Muktesvara gilt im Hinblick auf seine harmonischen Formen und seinen außerordentlich schön gearbeiteten Dekor als ein Juwel unter den Bauten Orissas. Der Mandapa, in den Oriya-Lehrtexten [...] »Jagamohana« genannt, ist quadratisch angelegt, mit vorgesetztem Eingang im Westen und zwei Veranden an der Nord- und Südseite, die durchbrochene Steinfenster enthalten. Das aus der Konstruktion des Kraggewölbes entstandene Terrassendach trägt statt des schweren Schlusssteins späterer Tempel eine Vase [kalasa], mehr mochte man der Tragkraft des Gewölbes noch nicht zumuten. Der Turm [sikhara], in Oriya als »Rekha-Deul« bezeichnet, was etwa als »linear aufsteigender Tempel« zu übersetzen ist, wird an jeder Seite durch fünf Mauervorsprünge [pagas], die bis zum Scheitelpunkt der Parabelkurve aufsteigen, vertikal gegliedert. Kleine Eck-Amalakas teilen das Gitterwerk der horizontalen Teilungen in Geschosszonen, ohne den aufwärtsgerichteten Verlauf der seitlichen Pagas zu unterbrechen. Ein freistehendes Rundbogentor [torana] vor dem Eingang des Tempels gibt dem Gesamtbild seinen besonderen Reiz. Das Halbrund des Bogens ist als Kragkonstruktion über zwei Säulen mit quadratischer Basis und sechzehnseitigem Schaft geschichtet. Der Tempel leitet stilistisch die mittlere Bauperiode (von 900 bis 1100) in Orissa ein.*

Herbert Härtel/ Jeannine Auboyer

Opfergabe bei einer Hochzeit

kostbarem Schmuck sieht sie prachtvoll und traumhaft aus. Jedes Jahr wird zum Zwecke der Durgapuja aus Stroh und Lehm die Durgafigur hergestellt. Dies dürfen nur die gelernten Künstler tun, denn hierbei müssen die Vorgaben der heiligen Schriften genau eingehalten werden. Die fertigen Figuren können bis zu zwei Meter groß sein. Durga, die Gemahlin von Shiva, wird zu ihrer Puja von ihren Kindern, ebenfalls Göttern, begleitet. Ihre Söhne heißen Kartikeya und Ganesha, und die Töchter Lakshmi und Sarasvati.

Die Durgapuja findet im Monat Ashvin [September-Oktober] statt. In manchen Bundesstaaten dauert die Durgapuja drei Tage lang, in anderen neun Tage lang. Durga wird mehrmals am Tag mit Blumen, Duftstoffen, Weihrauch, Speise, einer Öllampe, Kleidung, Schmuck etc. verehrt. Die Uhrzeiten für den Vollzug der Zeremonien werden von den Astrologen nach den Sternen und Planeten festgelegt. In den Pausen zwischen den Zeremonien wird die heilige Schrift Shri Shri Chandi rezitiert. Am vierten bzw. zehnten Tag wird die Göttin mit ihren Kindern verabschiedet, und die Figuren werden in den Fluss geworfen. Dies symbolisiert die Vergänglichkeit aller Dinge. Da die Durgapuja sehr aufwändig ist und die Götterfiguren viel Platz brauchen, findet sie meistens im Tempel oder auf provisorischen Bühnen statt.

Zeremonien im Lebenszyklus

Die Dharmashastras sehen für die Brahmanen, Kshatriyas und Vaishyas (Hindus der drei oberen Kasten) sechzehn obligatorische Zeremonien vor, die sie durch das Leben begleiten sollen. Da die Dharmashastras zur Kategorie Smriti gehören und daher nicht bindend sind, werden heute üblicherweise nicht alle sechzehn Zeremonien, sondern nur drei, nämlich Upanayana – die Einschulung, Vivaha – die Hochzeit – und Shradha – die Totenzeremonie – vollzogen.

Totenzeremonie für den indischen Ministerpräsidenten Rajiv Gandhi, 1991

Zeittafel

	Vorvedische Zeit–Gegenwart Verehrung des Gottes Shiva und der Göttin Shakti in vielen verschiedenen Variationen
4500 v. Chr. **1500 v. Chr.**	laut indischen Wissenschaftlern laut westlichen Wissenschaftlern Dichtung des Rigveda, des ältesten Buchs des Hinduismus
1500–1000 v. Chr.	Zeitalter der Liturgie; die Opfergabezeremonien werden komplizierter und als Folge gewannen die Priester mehr Macht; die Ritualtexte Brahmanas werden verfasst
ca. 1000–300 v. Chr.	Reaktion gegen die priesterliche Macht; Entstehung der philosophischen Literaturgattungen Aranyakas und Upanishaden; Verbreitung der festen Überzeugung, dass die höchste Wahrheit nur durch Meditation erreicht werden kann
8. Jh. v. Chr.	Entstehung der Bhakti-Richtung Bhagavata (Bhakti: Gottesliebe, Bhagavat: Gott); die älteste erhaltene Schrift der Bhagavatas ist die Bhagavadgita; die Bhagavatas gehörten nicht zu den drei oberen Kasten und praktizierten nicht-vedische Riten, weshalb sie lange von den Hindus aus den drei oberen Kasten verachtet wurden. Weitere Namen der Bhagavatas sind: Satvatas, Pancaratrin (Menschen, die fünf Nächte lang Rituale vollziehen) und Ekantin (Menschen, die sich einzig auf Gott richten)
600–200 v. Chr.	Periode des kritisch intellektuellen Ansatzes und der Gedankenfreiheit; die drei Haupttendenzen der Zeit: ethische Fragestellung, Umformung der Religion und systematische Philosophie; der Einfluss der Upanishaden wird befestigt; der Glaube an Askese und Meditation wird zum festen Bestandteil der Religion; Einsiedler und Asketensiedlungen; das Kastensystem wird strenger; Aufstiegsmöglichkeiten für die sog. Unberührbaren, wie sie die Upanishaden kennen, werden in der Regel unmöglich
ca. 300 v. Chr.	Kanada verfasst das Vaisheshika-sutra, in dem zum ersten Mal das Vaisheshika systematisch dargestellt wird; Schwerpunkt des Vaisheshika-Systems: der Atomismus
ca. 200 v. Chr.	1. Gautama verfasst das Nyaya-sutra, eine der älteren Schriften des Nyaya; Schwerpunkte: logische, analytische Untersuchung und kritischer Geist. 2. Jaimini verfasst die Mimamsa-sutras, die zur Basis des Mimamsa (auch: Purva Mimamsa) werden; Schwerpunkt des Mimamsa: der Sinn der vedischen Rituale
ca. 140 v. Chr.	Patanjali verfasst das Yoga-sutra, das Basiswerk des Yoga (auch: Raja-yoga) – der königliche Yoga; das Yoga-sutra ist die älteste erhaltene systematische Darstellung des Yoga; Schwerpunkt des Yoga: die Überlegenheit der Psyche gegenüber dem Körper. Diese Ansicht prägt noch heute den Hinduismus
ca. 200	Ishvarakrishna verfasst die Samkhya-karika, das älteste erhaltene Handbuch des Samkhya; Schwerpunkt: das Prinzip des Atomismus
4. Jh.–7. Jh.	Der Buddhismus wird vom Hinduismus verdrängt. Wiederbelebung der vedischen Rituale; Bhakti gewinnt an Bedeutung
ca. 780	Gaudapada, der Lehrer des Lehrers von Shankara, integriert Aspekte des Buddhismus in sein Buch Mandukya-karika, das ein Kommentar über die Mandukya-upanishad ist und die ersten Konturen des Advaita-vedanta zeigt, das später den Hinduismus prägen wird
788	Shankara entwickelt das philosophische System Advaita-vedanta und gründet vier Klöster: in Sringeri (Südindien), Dvaraka (Westindien), Puri (Ostindien) und Badrinath (Himalaya); Schwerpunkt: die Identität zwischen der absoluten Wahrheit Brahman und dem Lebewesen
1017–1137	Eine neue Bhakti-Bewegung um Gott Vishnu, gegründet und geführt von Ramanuja, entsteht in Südindien
1192	Qutb-ud-din, ursprünglich ein Sklave von Muhammad aus Ghur (Afghanistan), erobert Delhi und die Umgebung und gründet die sog. Sklavendynastie
ca. 1200–1957	Islamische Herrschaft abwechselnd in großen und kleinen Teilen Nordindiens; in von Muslimen regierten Teilen: Persisch verdrängt Sanskrit und wird zur Amtssprache; das islamische Gesetz (Sharia) tritt in Kraft; Verfolgung der Hindus; Einführung von Purdah (Schleier) und Sati (Witwenverbrennung) für Hindu-Frauen; Verbot der Wiederheirat für Hindu-Frauen in einigen Teilen Indiens; Macht der Brahmanenkaste und Priester; Südindien wird weiterhin von Hindu-Königen regiert und bleibt von den genannten Veränderungen in Nordindien unbeeinflusst
1238–1317	Madhava: eine neue Richtung der Bhakti-Bewegung um die Götter Vishnu und Krishna in Südindien, gegründet und geführt von Madhava, der auch Purnaprajna und Anandatirtha genannt wird
1486–1533	Shri Caitanya Mahaprabhu: Bhaktibewegung in Nordindien um Gott Krishna, gegründet und geleitet von Shri Caitanya Mahaprabhu. Wegen seiner religiösen Aktivitäten wird Caitanya in seiner Heimatstadt Nabadvipa (West Bengal) von der islamischen Justiz verfolgt, findet jedoch Asyl im benachbarten Hindu-Königreich im heutigen Bundesstaat Orissa. Die heutige ISKCON-Bewegung (bekannt als Hare-Krishna-Bewegung) geht auf ihn zurück
1532–1623	Tulasidasa: eine neue Bhakti-Bewegung um Gott Rama in und um Benares. Tulasidasa verfasst Ramacarita-manasa in der Regionalsprache Hindi
1757	Die East India Company besiegt den König Sirajuddaulah im Krieg von Plassey (Palashi). Gründung der englischen Kolonie in Indien
18. Jh.	Gründung des Klosters Upanishad Brahmendra durch Ramacandrendra Sarasvati in Kancipuram (Südindien)

1820 Einführung der heute verbreiteten kollektiven Durgapuja, zu der alle Menschen unabhängig von ihrer Kasten- und Religionszugehörigkeit eingeladen sind

1828 Rammohan Roy (1772–1833) gründet das Brahmasamaj – Gesellschaft der Menschen, welche die absolute Wahrheit Brahman verehren. Ziel: eine Synthese aus Hinduismus und Christentum; das Brahma-samaj anerkennt nur die Veden, Brahmanas, Aranyakas und Upanishaden und lehnt die Götterverehrung ab

1829 Verbot der Sati (Witwenverbrennung) durch Gouverneur General Lord William Bentinck. Der Gesetzeserlass war das Ergebnis gemeinsamer Anstrengungen indischer Intellektueller unter Rammohan Roy, christlicher Missionare, der Engländer in ihrer Heimat und der englischen Regierung in Indien

1838–1898 Bankim Chandra Chattyopadhyay: Er deifiziert Indien, indem er in seiner berühmten Hymne »Bande Mataram« – Mutter, ich verneige mich vor dir – Indien als die Muttergöttin dastellt. Vor der Unabhängigkeit im Jahre 1947 wurde diese Hymne als Nationalhymne für das freie Indien geplant, jedoch durch ein Lied von Rabindranath Tagore ersetzt, da einige Politiker befürchteten, dass diese Hymne die Gefühle der Nichthindus verletzen könnte. Seit etwa zwanzig Jahren befürwortet die Mehrheit, auch Nichthindus, die Einsetzung der Bande Mataram als Nationalhymne

1856 Erlass eines Gesetzes, das den Hindu-Witwen Wiederheirat erlaubt. Dieser Gesetzeserlass war das Ergebnis der Bemühung von Ishvar Chanda Sharma (1820–1891), eher bekannt als Ishvar Chandra Vidyasagar; Vidyasagar – Ozean des Wissens – ist ein Titel, den ihm damalige indische Intellektuelle verliehen

1878–1912 Sri Saccidananda Sivabhinava Narasimha Bharati: Wiedereinführung und Verbreitung der Geburtstagsfeier von Shankara durch Sri Saccidananda Sivabhinava Narasimha Bharati zunächst in Südindien, dann auch in Nordindien; Publikation des Gesamtwerks von Shankara; Einführung von Treffen der religiösen Führer der Shankara-Tradition zu fachbezogenen Gesprächen

1893 Einführung des Hinduismus durch Swami Vivekananda im Westen beim Parliament of Religions in Chicago, USA

1901 Registrierung des Klosters Ramakrishna Math, der Zentrale der Ramakrishna-Bewegung, in Belur, einem Vorort von Kalkutta, als Kuratorium (Trust) durch Swami Vivekananda. Swami Vivekananda gründete die Ramakrishna-Bewegung bald nach dem Tode seines spirituellen Lehrers Ramakrishna in Kalkutta. Die Ramakrishna-Bewegung hat heute weltweit mehr als 130 Zentren

1957 Gründung der Transcendental Meditation durch Maharishi Mahesh Yogi, der im Westen wegen seiner Verbindung zu den Beatles, die ab etwa 1965 von ihm die Meditation lernten, bekannt ist

1959 Das Nonnenkloster Sri Sarada Math wird als eine juristisch selbstständige Organisation registriert und steht damit nicht mehr unter der Aufsicht des Mönchsklosters Ramakrishna Math

1960 Einweihung des The Ramakrishna Mission Institute of Culture (Kalkutta), das der Einigkeit der Menschheit gewidmet ist; Grundton der Institution: Förderung des interkulturellen Dialogs, wobei sowohl die Religionen als auch die atheistischen Philosophien und Anschauungen einbezogen werden

1964 Gründung des Vishva Hindu Parishad in Mumbai (ehemals Bombay); Motto des Vereins: Arbeit und Anstrengung für die eigene Erleuchtung und das Wohl der gesamten Welt (atmano mokshartha, jagadhitaya ca)

1965 Gründung der Institution International Society for Krishna Consciousness durch A. C. Bhaktivedanta Swami Prabhupada (1896–1996) in New York

1970 Einweihung des Vivekananda-Denkmals und Tempelbezirks auf der Südspitze Indiens, dem Cape Comorin; Denkmal und Tempelbezirk sind heute ein beliebtes Wallfahrtsziel

1973 Gründung des Laienordens Vivekananda Kendra, der für »eine freie, egalitäre und progressive Gesellschaft« in Indien eintritt

1979 Die erste gemeinsame Konferenz der von Shankara gegründeten vier Klöster

1981 Gründung der Organisation Samskrit Bharati für die Wiederbelebung des Sanskrits in Indien. Sanskrit ist die alte Kultursprache Indiens. Alle verbindlichen heiligen Schriften sind auf Sanskrit verfasst

1997 Zum zweiten Mal tagt der World Congress on the Synthesis of Science and Religion in Kalkutta

1997 Der Ganga Mahotsava, die Feier um den heiligen Fluss Ganges, in Benares

1998 Internationale Yoga-Woche in verschiedenen Städten Indiens

1999 Die Zweite Konferenz des Vishva Hindu Parishad of America; Motto der Konferenz: das Wissen ist der Reichtum und Schlüssel zum Glück

2000 World Hindu Conference in Trinidad und Tobago

2001 Vishva Dharma Prasar Yatra (Reise um die Welt für die Förderung der Religionen); Weltreisebeginn: 12. August in Kamakoti Pitham (Südindien); Reiseziele: USA, Europa, Asien, Afrika und Länder im Pazifik; mitgeführt wird ein Krug, in dem Wasser aus 48 Städten in 38 Ländern gesammelt wird

30. 12. 2001 bis 02. 01. 2002 Die zweite Global International Divine Life Society Conference in Cuttack, Bundesstaat Orissa, geplant von den Nimbarkas, einer Bhakti-Richtung, die im 11. Jh. um Gott Vishnu in Südindien entstanden ist

4. Die Entstehungsgeschichte des Hinduismus

Geschichtlicher Überblick von den Anfängen bis heute

Die Spuren des Hinduismus gehen zurück bis zur Induskultur. Diese Kultur entstand und erlebte ihren Höhepunkt am Fluss Indus im heutigen Pakistan. Dieser Landstrich gehörte bis zum 15. August 1947 zu Indien. Die Schrift dieser Kultur ist bis heute nicht zufriedenstellend entziffert worden. Die archäologischen Funde zeigen jedoch, dass mindestens Gott Shiva, einer der wichtigsten Götter des Hinduismus, dort vertreten war. Aufgrund der Befunde wird vermutet, dass diese Kultur die Yogaübungen kannte, die bald im Hinduismus eine wichtige Stellung einnahmen.

In den letzten Jahren der Induskultur wurde sie immer wieder von den Ariern, die von außerhalb nach Indien kamen, angegriffen. Die Arier besiegten die Industalbewohner und übernahmen die Führung auf politischer und kultureller Ebene am Indus und in der Nachbarschaft. Sie rückten aber immer mehr nach Osten. Die fruchtbare Gangesebene bot ihrer Zivilisation und Kultur die Möglichkeit des Wohlstands und Aufschwungs. Sie nannten das Land zwischen Himalaya im Norden und der Bergkette Vindhya im Süden Aryavarta, d. h. das Land der Arier. Die Bergkette Vindhya liegt in Zentralindien und teilt das Land in Nord- und Südindien. Die Grenze im Westen bildete der Fluss Indus. Die östliche Grenze verschob sich mit der Ausbreitung der Arierkultur immer weiter nach Osten. In Aryavarta sind die ersten, für die Hindus unfehlbaren, heiligen Schriften verfasst worden. Von hier aus verbreitete sich der Hinduismus in alle Richtungen Indiens. Heute umfasst der Hinduismus ganz Indien. Obwohl der Hinduismus keine Missionsreligion ist, wurde er durch die indischen Auswanderer in verschiedenen Ländern Asiens verbreitet. Malaysia, Sri Lanka und Bali sind die nennenswerten Länder bzw. Teile von Ländern in Asien, in denen heute der Hinduismus außerhalb Indiens vertreten ist.

Swami Vivekananda (1863–1902), ein hinduistischer Mönch, war der erste, der den Hinduismus in den Westen brachte. Im Jahr 1893 nahm er am Parlament der Religionen in Chicago teil und machte die westliche Welt mit dem Hinduismus bekannt. Damit begann für den Hinduismus eine neue Epoche. Der Westen öffnete sich der indischen Kultur, die vom Hinduismus durchdrungen ist. Einige Kernpunkte des Hinduismus, wie Karma und Wiedergeburt, fanden Gehör im Westen. Viele Christen versuchten, diese Ideen in das Christentum zu integrieren, ohne zum Hinduismus überzutreten. Andere traten zum Hinduismus über. Beide Vorgänge liefen und laufen parallel ab. So verbreitet sich das Gedankengut des Hinduismus heute auf direkte und indirekte Weise im Westen und unterstützt die Begegnung zwischen Ost und West.

Integration anderer Religionen in den Hinduismus

In einem gewissen Sinne kann der Hinduismus als das erste Beispiel einer missionierenden Religion der Welt betrachtet werden. Nur ist sein missionierender Geist ganz anders als der der Proselyten* machenden Religionen. Er betrachtete es nie als seine Aufgabe, die Menschheit zu irgendeiner Lehrmeinung zu bekehren. Denn was gilt, ist der Wandel und nicht der Glaube. So wurden denn Verehrer verschiedener Götter und Anhänger verschiedener Riten in die Gesellschaft der Hindu aufgenommen. […] Als die Arier in den Tagen ihres Triumphes mit ihren zwar besiegten, aber doch noch gefährlichen Rivalen abrechneten, machten sie sich nicht über ihren verhältnismäßig rohen Kult lustig. Die Urbewohner Nordindiens hatten die nackten Naturkräfte mit dem schimmernden Gewande einer mythischen Phantasie bekleidet und aus den wechselvollen Gebilden der Natur eine Menge von Göttern und Göttinnen, von Geistern und Elfen gebildet. Und die vedischen Arier nahmen sie auf und setzten sie an die Seite der himmlischen Scharen, zu denen sie mit Scheu und Verwunderung hinaufzublicken pflegten. Es genügte ihnen, dass jene rohen Objekte von ihren Anhängern als Quellen höheren Segens und als Machtzentren angesehen wurden. Die Götter des Rigveda (der Rigveda wurde von den Ariern verfasst und stellt die erste Phase des Hinduismus dar) und die Geister des Atharvaveda (der Atharvaveda

Die archäologischen Entdeckungen auf dem Meeresgrund vor Gujarat, Westindien, in den Jahren 2001 und 2002 deuten darauf hin, dass die indische Kultur 9500 Jahre alt ist. Anhand der archäologischen Funde vermuten indische Wissenschaftler, dass die Spuren des Hinduismus bis zu dieser Frühkultur zurückgehen. Da aber genauere und ausführlichere Untersuchungen dieser Funde noch bevorstehen, sind exakte Aussagen über die Beziehungen zwischen dem Hinduismus und dieser frühen Kultur zum heutigen Zeitpunkt noch nicht möglich. Nachgewiesen ist jedoch, dass die Indus-Kultur einige Aspekte des gegenwärtigen Hinduismus kannte.

* *hier: (aufdringliche) Werbung für einen Glauben oder eine Weltanschauung*

❖ *Der Hinduismus hat sich in der Geschichte immer wieder als fähig erwiesen, andere Religionen und religiöse Überzeugungen zu integrieren: Ist dies ein Vorteil einer Religion? Wie sehen Sie die Problematik der Authentizität?*

enthält zum großen Teil Magie, weshalb er zunächst nicht als ein Veda anerkannt wurde) schmolzen dann unter dem Einfluss der Philosophie zu der einen höchsten Wirklichkeit zusammen, welche gemäß den Eigenschaften, die unsere Einbildung ihr beilegt, bald so und bald so genannt wird.
Die Epen berichten von der Aufnahme neuer Stämme und ihrer Götter. [...] Viele Stämme verehrten mystische Tiere. Als sie in die Hindu-Gemeinschaft eintraten, da wurden diese Tiere zu Vehikeln und Gefährten der Götter gemacht. [...] Die heroisierten Ahnen, die Lokalheiligen, die planetarischen Kräfte, die Stammesgottheiten wurden alle in das Hindu-Pantheon aufgenommen, wobei sie der einen höchsten Wirklichkeit untergeordnet wurden, als deren Aspekte sie galten. Der Polytheismus wurde so im Sinne des Monismus organisiert. Nur war es kein starrer Monotheismus, der seinen Anhängern völlige Unduldsamkeit gegen die, welche anderen Ansichten huldigen, auferlegt. [...] Nachdem die Kulte in den Hinduismus aufgenommen waren, erlitten sie durch den Einfluss der höheren Ideen eine Veränderung. [...] Jeder Gott, der vom Hinduismus aufgenommen wurde, ist erhöht und schließlich mit der zentralen Wirklichkeit identifiziert worden, die eins ist mit dem tieferen Selbst des Menschen. [...] Es ist richtig, dass der Hinduismus nicht mit schonungsloser Hand die üppig wachsenden Schößlinge der Magie und des Okkultismus weggeschnitten hat. *Sarvepalli Radhakrishnan*

5. Die Lehre des Hinduismus

Brahman

❖ *Wie erfahren die Menschen Brahman? Können wir Menschen Brahman begreifen?*

Die Hindus nennen die absolute Wahrheit Brahman. Brahman ist die Existenz [sat], das Bewusstsein [cit] und die Glückseligkeit [ananda]. Diese sind nicht seine Eigenschaften, die es im Laufe der Zeit verlieren könnte, sondern es ist diese. Brahman ist unendlich, allmächtig, allgegenwärtig und allwissend. Brahman ist nicht Gott, sondern es manifestiert sich als Gott. Alles, das Universum mit seinen Sonnensystemen, die Menschen, Tiere, Pflanzen, Steine und andere Nichtlebewesen, die Götter, der Himmel, die Hölle etc., sind die Manifestationen Brahmans. Brahman ist die geistige und materielle Ursache von allem Existierenden. Folgerichtig sind alle Lebewesen und Nichtlebewesen identisch mit Brahman. Als das nicht manifestierte geistige und materielle Prinzip ist Brahman formlos, abstrakt. Als die manifestierten Lebewesen und Nichtlebewesen ist es als Form, Farbe, Geruch etc. wahrnehmbar. So nimmt der Mensch Brahman als Menschen, Tiere, Pflanzen, Steine etc. wahr. Diese sind essentiell Brahman, d. h. unvergänglich, nur ihre Formen sind vergänglich. Denn alle Formen sind vergänglich. Dies bedeutet, dass die Welt, wie man sie wahrnimmt, keine selbstständige Existenz hat, sie existiert nur im Zusammenhang mit Brahman. Der Mensch vergisst dies aber und hält die Welt für etwas Absolutes. Er vergisst, dass alle Beziehungen und Gegenstände vergänglich sind und macht sich von Menschen und Gegenständen abhängig. Er sagt: »mein Mann«, »meine Frau« und »mein Kind« und vergisst, dass diese Beziehungen vergänglich sind und daher der Trennung anheimfallen. Dieser Irrtum des Menschen wird im Hinduismus Maya genannt. Es ist so, als ob ein Zauberer vor jemandem einen Baum zaubert. Der Zuschauer weiß, dass der Baum nicht existiert, geht aber trotzdem emotional darauf ein. Der Baum existiert nur in der Phantasie des Zuschauers. So ist es mit der Welt. Sie hat nur eine scheinbare Existenz. Nimmt man der Welt diese scheinbare Existenz der Formen und Farben, so bleibt nur Brahman als die einzige Wahrheit übrig. [Eine weitere Bezeichnung Brahmans ist der Atman – die Seele.] Die heiligen Schriften der Hindus sagen ihren Anhängern, dass derjenige, der in der vergänglichen Welt keinen Sinn sieht, der Welt entsagen und durch Askese, Meditation und Wissen die Vereinigung mit Brahman anstreben soll. Wer aber in Formen und Farben der Welt Freude findet, der soll die Welt in dem Bewusstsein genießen, dass sie die Manifestation Brahmans ist. Ein Hindu muss selbst entscheiden, was sein Ziel ist.

Karma und Wiedergeburt

Grunddogma für die Wiedergeburtslehre ist, dass jede Geburt eine Folge von früheren Taten aus früheren Leben ist. Dass das eine Kind unter sehr ärmlichen Verhältnissen auf die Welt kommt und ein anderes im Luxus groß wird; dass das eine Kind in Freiheit sein Leben gestalten darf, ein anderes dagegen unter einer Schreckensherrschaft seinen Platz in der Gesellschaft finden muss; dass das eine Kind von liebevollen Eltern umsorgt und das andere sadistischen Erziehungspraktiken ausgesetzt wird, all dies ist weder ein Zufall noch naturgegeben, sondern ausschließlich die Frucht von Taten [in Sanskrit: karma], die für diese und keine andere Wiedergeburt verantwortlich sind. Auf diese Weise erklärt die Wiedergeburtslehre, warum ich Kind meiner Eltern bin, weshalb es gerade diese sein mussten und keine anderen sein konnten. In jeder Geburt wird eine individuelle Karma-Kette zum Vorschein gebracht, die auf diese Daseinsbedingungen genau passt. Nichts ist hierbei zufällig, alles ist allein die Folge des Karma. Jeder ist im wahrsten Sinne des Wortes seines Glückes Schmied. Die jetzige knüpft auf diese Weise an eine lange Reihe vorausgehender Daseinsformen an. Sie ist im Übrigen ihrerweise wiederum eine Übergangsstufe zu weiteren neuen Daseinsformen, die auf dieses Leben folgen werden. […]

Diese Perspektive sukzessiver Existenzen nimmt dem gegenwärtigen Leben nicht nur seine Einmaligkeit, es schenkt ihm damit auch eine Gelassenheit, die es möglich macht, über den Tod hinaus zu planen, denn nichts an Gutem und nichts an Bösem wird verloren gehen, wenn die jetzige Existenzform abgebrochen wird. Die karmische Existenzkette ist dann nicht zu Ende, sondern wird in jedem Falle fortgesetzt, von der Geburt über den Tod in die Wiedergeburt mit erneutem Tod und sich anschließender Wiedergeburt. Damit verliert der Tod seinen schrecklichen Aspekt, er ist nur der Übergang in eine neue Daseinsform. Tod und Geburt sind gewissermaßen wie die zwei Seiten ein und derselben Zäsur, vergleichbar mit einer Türe, auf deren einer Seite Ausgang und auf deren anderer Eingang steht. Ob es sich im konkreten Falle um den Ausgang oder den Eingang handelt, ist eine Frage der Perspektive und nicht ein Problem von zwei verschiedenen Realitäten. Dementsprechend ist das, was aus der Perspektive des vorausgehenden Lebens Tod genannt wird, aus der Sicht des Folgenden die Geburt. […] Menschliche Existenz ist folglich eingebettet in eine lange Reihe vorausgehender und nachfolgender Existenzen. Wer daher dieses Leben für das einzige hält, ist in seiner Vorstellung begrenzt, […] weil nur die unmittelbar sichtbare Wirklichkeit für das Ganze genommen wird, statt dass erkannt wird, dass sie lediglich ein Ausschnitt aus einer viel größeren Wirklichkeit ist, nämlich dem Strom des Lebens, d. h. dem Kreislauf der Wiedergeburten [in Sanskrit: sansara].

Peter Antes

Die Reise der Seele

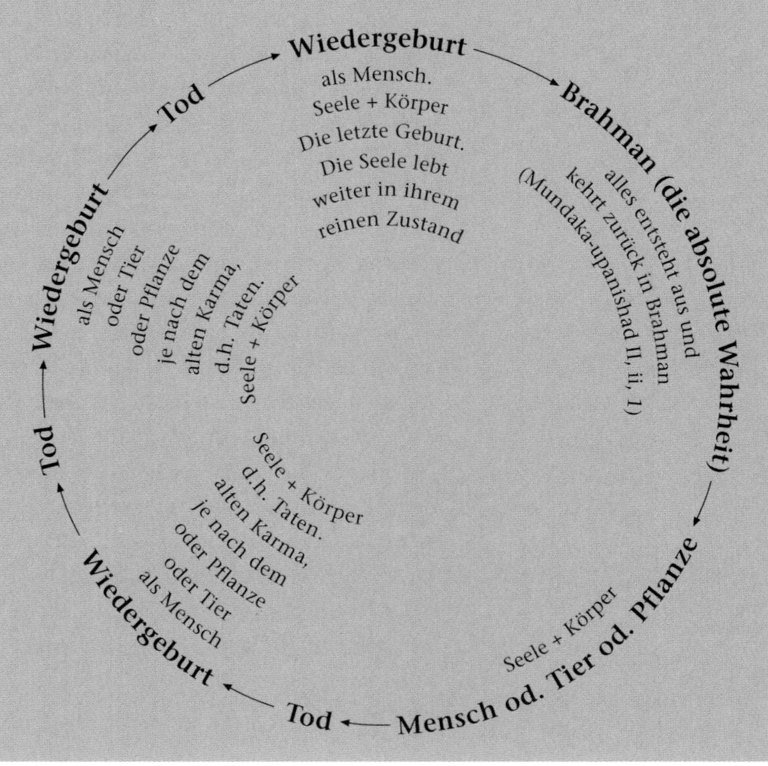

Atman (Seele)

Die Hindus glauben, dass die Seele, die immer wieder den Körper wechselt, in einem Körper existiert, der dem Leid unterworfen ist, und dass sie von der Wiedergeburt sowie von Freude und Leid vollkommen unberührt bleibt. Die Seele ist identisch mit Brahman, das Existenz, Bewusstsein und Glückseligkeit ist. Demnach ist die Seele unvergänglich. Etwas,

❖ *Wie sieht der Hinduismus das Verhältnis von Seele und Körper?*
❖ *Welche Bedeutung gewinnt in diesem Verhältnis die im Sinne der Religion richtige Moralität bzw. Lebensweise?*
❖ *Ist diese Perspektive vergleichbar mit Überzeugungen anderer Religionen?*

das unvergänglich ist, kann nicht sterben und wiedergeboren werden. Tod und Geburt bedeuten Veränderungen. Diese sind Eigenschaften von Dingen, die vergänglich sind. Die Seele, die unvergänglich und daher auch unendlich ist, verändert sich nicht. Sie bleibt für immer das, was sie war. Der Tod und die Wiedergeburt betreffen den Körper, nicht die Seele. Verlässt die Seele den alten verbrauchten Körper, um einen neuen zu nehmen, so ist dies mit dem Kleidungswechsel zu vergleichen. Wenn das alte Kleid zerrissen ist, tauscht man es gegen ein neues. Man trägt es, bis auch dieses zerrissen ist, und tauscht es dann wiederum gegen ein neues. So geht es weiter, bis die Seele keinen neuen Körper mehr braucht. Die Seele ist unsterblich, unveränderlich und unverletzlich. »Das Messer kann sie nicht schneiden, das Feuer kann sie nicht brennen, das Wasser kann sie nicht nässen und der Wind kann sie nicht trocknen« (Bhagavadgita, II, 23).

Die vorläufigen (weltlichen) Ziele

Der Hinduismus nennt drei vorläufige Ziele für einen weltlich Lebenden. Diese sind: Dharma (in diesem Zusammenhang: Rechtschaffenheit), gefolgt von Artha (materielles Wohlergehen bzw. Reichtum) und Kama (weltlicher Genuss). Die drei Ziele werden unter anderem mit dem kollektiven Begriff Purushartha (Ziel eines Menschen) bezeichnet. Damit das Streben nach Reichtum und weltlichem Genuss Erlebnissen nicht die gesellschaftliche Ordnung stört, werden diese Ziele der Rechtschaffenheit untergeordnet und mit der Karmatheorie untermauert.

Die Schöpfungszyklen

Der Hinduismus meint, dass es nicht eine Schöpfung, sondern mehrere Schöpfungszyklen gibt. Am Ende eines Zyklus verschwindet alles in feinen Formen in Gott, der eine Manifestation Brahmans ist. Nach der Ruhepause projiziert Gott aus sich selbst heraus, je nach den Taten des letzten Zyklus, den neuen Zyklus. Die Gesamtenergie des letzten Zyklus bleibt erhalten, wobei die Anteile bestimmter Formen sich verschieben können. Der Zyklus heißt im Hinduismus Kalpa. Jeder Zyklus ist in vier Zeitalter, genannt Yuga, geteilt. Diese sind Satyayuga, auch Kritayuga genannt, Tretayuga, Dvaparayuga und Kaliyuga. Die Lebensdauer und die Charakteristika der Zeitalter sind verschieden. Je älter die Periode ist, um so langlebiger und angenehmer ist sie. [...] Für die Schöpfung, Erhaltung und Zerstörung sind jeweils Gott Brahma, Vishnu und Shiva zuständig. Diese Götter sind jedoch die verschiedenen Erscheinungsformen Brahmans. Bei der ganzen Schöpfungstheorie darf nicht vergessen werden, dass die Welt nur eine Scheinexistenz ist. D. h. sie existiert nur im Zusammenhang mit Brahman und hat keine selbstständige Existenz.

Mukti – die Befreiung

Das Endziel der Hindus ist die Mukti, die Befreiung: die Mukti befreit den Menschen vom Kreislauf der Wiedergeburten, der mit angenehmen und unangenehmen Erlebnissen verbunden ist. Die Mukti schließt den Kreis, der angefangen hat, als die individuelle Seele von der absoluten Wahrheit Brahman, auch Atman genannt, abgesprungen ist und seither die Irrfahrt der Wiedergeburten erlebt. In der Mukti erfährt der Hindu seine Identität mit der absoluten Wahrheit. Dies geschieht in der Samadhi, der Endstufe der Meditation. Selbst wenn ein Mensch die Mukti erreicht hat, muss er weiterleben, bis sein altes Karma ausgelebt ist. Nach dem Tode löst sich sein Körper in die fünf Elemente – Erde, Wasser, Feuer, Wind und Äther – und seine Seele in Brahman auf. Die für immer mit Brahman eins gewordene Seele wird keinerlei individuelles Bewusstsein mehr empfinden. Die individuelle Seele geht in Brahman auf, als reine Existenz (sat), reines Bewusstsein (cit) und reine Glückseligkeit (ananda) und existiert von nun an ewig als Brahman. Die Befreiung und die Wege, die dahin führen, sind beliebte Themen der Upanishaden. Diese sagen, dass jeder Mensch potenziell in der Lage ist, die Mukti zu erfahren.

❖ *Warum wird die Befreiung aus der »realen Welt«, aus dem »individuellen Bewusstsein« angestrebt?*

Eine neue Auffassung von der Mukti

Rabindranath Tagore (1861–1941), dessen Einfluss auf die gebildeten Inder unübersehbar ist, führte in den Hinduismus eine neue Variation der Mukti ein. Die moderne städtische Gesellschaft in Indien findet immer mehr Gefallen an Tagores Konzept der Mukti.

Tagore [trennt] die höchste Wahrheit nicht von ihrer Manifestation. Daher sucht er die Befreiung nicht in der Trennung von der Welt und der Vereinigung mit dem Brahman, sondern in der Dreiervereinigung, zu der das Brahman, die Welt und der Mensch gehören. Im Gegensatz zum klassischen Hinduismus meint er, nicht die Trennung von der Welt, sondern die Vereinigung mit ihr bedeute Befreiung. Indem man die Manifestation liebt, liebt man die höchste Wahrheit. Tagore schreibt: »Ich begreife heute, ich habe in allen Dingen dich geliebt/In den Wiedergeburten aller Menschen sind du und ich immer wieder geboren« [Gesamtwerk Bd. 10,24] und »Die unendlichen Manifestationen und Wiedergeburten sind ein Treffen zwischen dir und mir.« [Gesamtwerk Bd. 10,50]. Das Ziel von Tagores Religion ist, wie im klassischen Hinduismus, die Vereinigung mit der höchsten Wahrheit. Aber im Gegensatz zum klassischen Hinduismus meint Tagore, dass dieses Ziel nicht durch die Befreiung vom Kreislauf der Wiedergeburten erreicht werden könne. Man erreicht die Befreiung, indem man sich von seinem kleinen »Ich« befreit und sich mit dem ganzen Universum eins fühlt. Diese Vereinigung mit dem Ganzen, das sowohl das Brahman als auch die Welt und die damit verbundene Wiedergeburt umfasst, nennt Tagore die Befreiung. Hier führt er eine vollkommene neue Ansicht in den Hinduismus ein. Denn welche Richtung es auch sein mag, kein einziger Zweig des Hinduismus hat vor Tagore den Standpunkt vertreten, dass es Befreiung ohne die Befreiung vom Kreislauf der Wiedergeburten geben könne.

Für Tagore gibt es keinen besseren Zustand für einen Menschen als das Leben auf der Erde. Um [seine] Vorstellung von der Befreiung zu [erläutern], musste Tagore eine sehr eigenartige Lösung finden. So schreibt er: »Das Kleine wird groß. Dieses Großwerden nimmt kein Ende, und hierin besteht die Freude des Kleinen. So werden wir diese Freude anstreben. Wir werden uns mit dem Brahman vereinigen und werden immer weiter das Brahman« [Gesamtwerk Bd. 14,443]. Dies bedeutet, dass für einen Menschen das Brahman-Werden kein Ende nimmt. Dies bedeutet aber auch, dass er immer wieder auf der Erde geboren werden muss, was Tagore für wünschenswert hält. Hier wird offensichtlich, dass Tagore sich auf das Sein auf der Erde konzentriert und die Frage einer Existenz nach dem Tod ihn entweder nicht interessiert oder dass er keine Antwort darauf hat. Auf jeden Fall ist dieses Konzept der Befreiung neu im Hinduismus. Versteht man Tagore richtig, so bedeutet die Befreiung die Wiedergeburt als ein Mensch auf der Erde und das mit dem Universum vollkommen harmonisierte Leben. Hiermit ist diese Befreiung eine niemals endende Reise voller Freude. Tagore erläutert sein Konzept von der Befreiung in seinem Essay Mukti [Befreiung] folgendermaßen: »Diese Befreiung ist nicht die Befreiung eines Weltentsagers, sondern die eines Liebenden, nicht der Verzicht, sondern die Vereinigung, nicht mit etwas [gemeint ist das Brahman] verschmelzen, sondern sich äußern« [Gesamtwerk Bd. 14,446].

Klassischer Hinduismus:
Der klassische Hinduismus ist der Hinduismus, der die Veden und die Upanishaden für unfehlbar hält, die Weisungen der Dharmashastras und der Puranas einhält und die Epen Mahabharata und Ramayana für richtunggebend hält.

Beschreibungen der Mukti in den Upanishaden
Jeder, der Brahman erfährt, wird selbst zum Brahman.
Mundaka-upanishad III,ii,9

»(Der Körper) entsteht (als ein separates Ding) aus diesen Elementen, und verliert sich in ihnen. Nachdem (die Einheit) erreicht ist, besteht kein separates Bewusstsein (mehr). Dies ist, was ich sage«, sagte Yajnavalkya. (12) Da sagte Maitreyi: »Genau in diesem Punkt hat der Herr mich verwirrt, indem er sagte: ›Nachdem (die Einheit) erreicht ist, besteht kein separates Bewusstsein (mehr).« Da sagte Yajnavalkya: »Ich sage wirklich nichts Verwirrendes. […] (13) Dort, wo zwei sind, riecht einer etwas, sieht einer etwas, hört einer etwas […]. Wo aber für jemanden alles er selbst geworden ist, wer soll da wodurch was riechen, wer soll da wodurch was sehen, wer soll da wodurch was hören […]? Wodurch soll man das wissen, durch das all dies gewusst wird? Wodurch soll der Wissende gewusst werden?« (14)
Brihadaranyaka-upanishad II, iv, 12–14;

Derjenige, der die wahre Natur seines Selbst erfahren hat, wird nicht noch einmal geboren.
Katha-upanishad I, iii, 8

❖ *Worin liegt das Neue in Tagores Konzept der Befreiung? Wie empfinden Sie sein Konzept der Liebe?*

* *Das Sanskritwort Shankara wird verschieden geschrieben; die beliebtesten Variationen sind: Sankara, Samkara und Shankara. Keine dieser Schreibweise entspricht gänzlich der Sanskritschreibweise, die nur mit den diakritischen Zeichen wiedergegeben werden kann.*

* *Das Wort »Vedanta« bedeutet eigentlich »Ende des Veda« und bezeichnet somit die Lehre, die am Ende der Veden, nämlich in den Upanishaden entwickelt ist. Diese Lehren der Upanishaden bilden außerdem »das letzte Ziel des Veda« oder das Wesen der Veden.*

Als der bedeutendste indische Philosoph gilt Shankara. Manche halten ihn wegen seiner Weisheit für eine Inkarnation des Gottes Shiva. Sein Name bedeutet »Heilbringer«.

Die wichtigsten Schriften der Schule sind Shankaras Kommentare zu den wichtigsten Upanishaden, zur Bhagavadgita und zum Vedanta-Sutra. Upadesasahasri und Vivekacudamani spiegeln seine generelle Lehrauffassung. (Darüber hinaus hat Shankara Hymnen und weitere Bücher verfasst.)

6. Der Advaita-vedanta von Shankara*

Die Philosophie des Vedanta verdient eine eingehendere Betrachtung nicht allein wegen ihrer philosophischen Bedeutung, sondern auch weil sie mit der Religion der Hindus eng verbunden und in Indien mehr als irgend eine andere philosophische Strömung lebendig ist. Der Vedanta bestimmt in dieser oder jener Gestalt die Weltauffassung der Hindu-Denker der Gegenwart.*

Shankara (ca. 788–820)

Als er kaum acht Jahre alt war, soll er bereits mit Begeisterung und Genuss alle vier Veden – wie die Tradition sagt – »verschlungen« haben. Offensichtlich war er ein jugendliches Wunder an vedischer Gelehrsamkeit und freiem Geist. [...] Noch ehe er die Wege der Welt wandelte, verwarf er sie bereits und wurde sogleich ein Samnyasin (Weltentsager). Doch war er kein leidenschaftsloser Einsiedler, sondern die reine Flamme der Wahrheit brannte in ihm. Als Lehrer zog er von Ort zu Ort und setzte sich im Gespräch mit den führenden Vertretern anderer philosophischer Schulen auseinander. [...] Er errichtete vier Klöster, deren wichtigstes das zu Sringeri in der Provinz Mysore ist. Die drei anderen Klöster befinden sich zu Puri im Osten, in Dvaraka im Westen und zu Badrinath im Himalaya. [...] Auf seinen Wanderungen von seinem Geburtsort in Malabar nach Norden in das Himalayagebiet stieß er auf viele Arten des Gottesdienstes, und er bejahte alle diejenigen, die in sich die Kraft besaßen, den Menschen zu erheben und sein Leben zu veredeln. Er predigte keine einzige, ausschließliche Methode der Erlösung, sondern dichtete Hymnen von unvergleichlicher Erhabenheit und Schönheit, die er an die verschiedenen Gottheiten des volkstümlichen Hinduismus: an Visnu, Siva, Sakti, Surya etc. richtete. [...] Von der buddhistischen Kirche lernte er, dass Zucht, Freiheit vom Aberglauben und kirchliche Einrichtungen dazu beitragen, den Glauben rein und stark zu erhalten, und er bildete selbst zehn religiöse Orden, von denen vier noch heute bestehen.
[...] Seine hervorragende Leistung auf dem Gebiet der philosophischen Spekulation ist das Advaita-System, das er durch Kommentare zu den alten Texten entwickelte. [...] Das sechste und das siebente Jahrhundert n. Chr. erblickten in Indien den Aufstieg des volkstümlichen Hinduismus. [...] Er versuchte das längst dahingeschwundene Zeitalter von neuem wachzurufen, das sich von den herrlichen Schätzen der Puranen zu den tiefen mystischen Wahrheiten der Upanisaden erstreckte. [...] Er fühlte sich dazu aufgerufen, die geistige Führung seines Zeitalters zu wagen, indem er eine Philosophie und eine Religion schuf, die den ethischen und geistigen Bedürfnissen des Volkes besser zu entsprechen vermochte, als der Buddhismus, die Mimamsa (ein weiteres philosophisches System) und die Bhakti (Gottesliebe). [...]

Das Veränderliche und das Unveränderliche

Jedes endliche Ding deutet auf den Widerspruch hin, dass es nicht allein endlich, also in sich begrenzt, sondern auch relativ in dem Sinne ist, dass es von etwas Anderem abhängig ist. Kein Objekt der Erfahrung ist durch sich selbst determiniert und auf sich selbst gegründet. Jedes Objekt strebt danach, von sich selbst loszukommen und etwas Anderes zu werden. Das Endliche ist als solches ein vergängliches Sein, das stets über sich hinauszugelangen strebt. [...] Für Samkara ist das Reale unveränderlich, unwandelbar, derart voller Sein, dass es immer ist und sich auf immer in Ruhe und Stille behauptet. Es kennt keine Bedürfnisse und keine Notwendigkeiten und weiß also nichts von Wandel und Widerstreit. [...]
Es ist das Unwandelbare und Absolute, das in allen seinen Offenbarungen in der Erfahrung mit sich selbst identisch bleibt, die Basis und Grundlage aller Erscheinungen. [...]

Brahman

Samkara bezeichnet es (das Brahman) sogar nur in dem Sinne als eins, dass es ein Eines ohne ein zweites daneben ist (dieses Unwandelbare und Absolute ist/heißt Brahman); darum nennt er es »Nichtzwei«, Advaitam. Es ist das

»ganz Andere«, doch kein Nichtsein. Das Brahman ist seinem Wesen nach absolutes Bewusstsein und erkennt doch nichts, da alles empirisches Erkennen lediglich auf einer Modifikation des inneren Organs beruht. Zum anderen ist die Erkenntnis sein Wesen und nicht seine Eigenschaft. Es ist nicht dahingehend ewig, dass es alle Zeiten hindurch unverändert fortbesteht wie das unbewegte Sein des Parmenides, sondern in der Bedeutung einer absoluten Zeitlosigkeit und Unzerstörbarkeit. Es ist ewig, weil seine Vollkommenheit und Vollendung nicht auf die Zeit bezogen ist. Die Aufeinanderfolge, die Dinge und Geschehnisse in eine zeitliche Ordnung verbindet, hat für das Brahman keine Bedeutung. Es ist ewiges Fortdauern, demgegenüber alle Zeitbeziehungen unangemessen sind. [...] Es ist wirklich [sat] [...]. Es ist Bewusstheit [cit] [...]. Es ist Wonne [ananda] [...]. Es ist real, weil es gültiges Sein besitzt. Es hört niemals zu sein auf, da es von nichts abhängig ist, das es am Sein erhielte. Es nimmt nichts von außerhalb seiner selbst in sich auf, denn dann würde ja das Sein das Nichtsein umschließen. Es gibt in ihm kein Erstes und kein Letztes. Es entfaltet, offenbart, entwickelt, äußert, wächst und verändert sich nicht, denn es ist vollkommen in sich selbst identisch. Es kann nicht als eine aus Teilen bestehende Ganzheit betrachtet werden, da es seinem Wesen nach einheitlich [ekarasa] ist. Es ist real und doch ohne das Wesen der Welt. Ein solches Sein kann natürlich nicht physischer, quantitativer und fragmentarischer Art sein. [...] Alles menschliche Glück ist ein Fünkchen aus der Wonne des Brahman. Diese aber ist (die) höchste Wahrheit, vollkommenes Sein und volle Freiheit. [...]

Das Brahman kann aber nicht sowohl determiniert [saguna] als auch indeterminiert [nirguna] sein. Eine Wirklichkeit, die zwei Seiten hat oder auf zwei verschiedene Weisen erfahren werden kann, ist nicht die höchste Wirklichkeit. Die zwei Seiten lösen sich im selben Augenblick auf, in dem wir zur Quelle des Seins gelangen. Wenn wir es von außen schauen, erhaschen wir vom Absoluten nur Aspekte. In sich selbst ist jedoch das Absolute ohne Seiten, ohne Formen und ohne irgendein Element des Dualismus wie auch ohne Guna (Guna sind die Qualitäten Sattva-Reinheit, Rajas-Aktivität und Tamas-Trägheit). Die Kennzeichnungen von Gestalt und Persönlichkeit haben in der Welt des Wissens, der Erfahrung [vidya] Bedeutung. Im höchsten Brahman hingegen besteht eine natürliche Auflösung aller Relativitäten. Es ist kein System oder Ganzes, das durch einen endlosen Prozess des Ausgleichs von Gegensätzen erreicht werden kann. Das Unendliche ist kein von der Philosophie geschaffenes Objekt, es ist vielmehr eine stets gegenwärtige Gegebenheit. Samkara widersetzt sich allen Versuchen, das Absolute auszudenken. Im gleichen Augenblick, in dem wir es zu denken beginnen, machen wir es zu einem Teil der Welt der Erfahrung. [...]

Atman – Die Seele

Samkara lehrt, es ist uns unmöglich, das Selbst durch das Denken zu erfassen, da das Denken selbst ein Teil des Stromes ist, der zum Bereich des Nicht-Selbst gehört. Wir können das Selbst aber auch nicht wegdenken, da ohne es kein Bewusstsein und keine Erfahrung möglich ist. Obwohl es sich unserem Erkennen entzieht, entzieht es sich uns doch nicht vollständig. Es ist das Objekt der Behauptung des Selbsts und wird auf Grund seiner unmittelbaren Darstellung als existent erkannt. Es kann nicht bewiesen werden, da es die Grundlage allen Beweisens und selbst bereits vor allem Beweis aufgerichtet ist. Logisch betrachtet ist es eine Behauptung, doch müssen wir es als gegeben hinnehmen. [...]

Was wahrhaftig wirklich ist, hat sein Sein in sich und für sich, so dass die Bestätigung der Wirklichkeit des Atman oder des beständigen Selbsts die Bejahung der Wirklichkeit eines ewigen Brahman bedeutet. (»Atman ist Brahman«, wie Samkara in seinem Kommentar zum Brahma-sutra I. I. 1 sagt.) Der Beweis für die Wirklichkeit des Brahman liegt darin, dass es der Urgrund des Selbsts eines jeden ist. [...] Der Atman und der Brahman haben die gleichen Kennzeichen des Seins, des Bewusstseins, der Alldurchdringung und der Wonne. Der Atman ist das Brahman. Das rein Subjektive ist zugleich das rein Objektive. Das Brahman scheint in der Sicht unseres Verstandes mehr das abstrakte Sein, der Atman hingegen eher die abstrakte Subjektivität zu sein.

❖ *Laut Auffassung von Samkara sind Menschen, Tiere, Pflanzen und leblose Gegenstände verschiedene Gefäße, die dieselbe Substanz, nämlich Brahman, enthalten. Überdenken Sie gemeinsam, was sich hieraus für unser Selbstverständnis, unseren Umgang mit den Mitmenschen, der Natur, mit uns selbst ergibt. Ist diese Vorstellung des Aufgehens im Gesamten für Sie attraktiv?*

❖ *Überprüfen Sie Ihre Überlegungen anhand der Texte zur Befreiung aus dem Ego und dem Körper, zum Umgang mit der Welt und zur Existenz von Gut und Böse.*

Befreiung

Samkara lehrt immer wieder, das Wesen der Befreiung sei ein Zustand der Einheit mit dem Brahman, und wie dieses über alle Kategorien der Erfahrung erhaben sei, so könne auch der Zustand von Moksa (Befreiung) nicht mit Begriffen unserers empirischen verständlichen Erkennens beschrieben werden. [...] Die Seele ist über das Rad der Welt, Samsaracakra, erhoben, steht erhaben über dessen Rhythmus von Werden und Vergehen, Geburt und Tod und Wiedergeburt, und erlangt die Erfahrung der Ewigkeit. [...] Der Zustand von Moksa ist »nichts anderes als die eigene innere Wesenheit als Brahman, aber kein erlangter Zustand wie der des Paradieses« [svarga]. (Weltentsagung, Askese, Gewaltlosigkeit, Rajayoga* und Studium einiger heiligen Schriften sind die Bedingungen für den von Samkara gepredigten Weg.

** Rajayoga – der königliche Yoga – ist einer der Erlösungswege des Hinduismus und unterscheidet sich vom weltweit verbreiteten Hathayoga, der zur Gesundheit und langem Leben beitragen soll*

Der Erscheinungscharakter der Welt

Die Objekte der Welt sind veränderlich. Sie *sind* niemals, sondern *werden* stets. Nichts Veränderliches ist real, denn real ist allein das ewige jenseitige Sein (gemeint ist hiermit Brahman). [...] In diesem Sinne ist die sich verändernde Welt nicht real. Die Welt ist weder reines Sein noch reines Nichtsein. Das reine Sein ist kein Sein noch Faktor des Weltprozesses. Das reine Nichtsein ist keine gültige Vorstellung, denn wäre es doch so, würde dies bedeuten, dass das absolute Nichts eine Wesenheit wäre, und dann wäre das, was angenommen die Negation alles Seins ist, selbst mit Sein begabt. Nichts ist kein Ding. Was ist, ist ein Werden, das weder Sein noch Nichtsein ist, da es Wirkungen hervorbringt. Die Welt kann nirgends das Sein erreichen und ihr Werden beenden. Sie ist in den historischen Prozess verwickelt, darum zu kämpfen, das Unendliche zu werden, obwohl sie die Unendlichkeit niemals erreichen kann. Stets ist etwas jenseits des erschaffenen Weltalls. [...] Das Wesen des Samsara (hier: der Welt) besteht darin, stets zu versuchen, das zu werden, was man nicht ist, sich zu wandeln, indem man über sich selbst hinausgelangt. [...] Nichts von alledem ist absolut real. Der abstrakte Ausdruck dieser Tatsache der Erscheinung der Welt ist die Maya.

Die Lehre von der Maya

Die Welt gründet sich auf Brahman. Doch das Brahman ist *und* ist nicht mit der Welt identisch. Es ist mit ihr identisch, weil die Welt von ihm nicht getrennt ist; es ist nicht mit ihr identisch, weil das Brahman den Veränderungen der Welt nicht unterworfen ist. [...] Das Brahman und die Welt sind eins und bestehen als Wirklichkeit und Erscheinung. Das Endliche ist das vor unseren Blicken verborgene Unendliche. Der Zauberer zaubert uns aus dem Nichts einen Baum vor Augen. Der Baum ist da, doch wir können ihn nicht erklären und nennen ihn darum »Maya«.

Die Welt – eine Illusion?

(Samkara) verwarf die Lehre, dass nichts – weder Stoff noch Geist – existiere [Sunyavada], ebenso wie die Theorie, dass nichts länger als nur einen einzigen Augenblick besteht [ksanabhangavada]. (Sunyavada und Ksanabhangavada sind buddhistische Theorien). [...] Die Wurzel der Illusion ist logischer und psychologischer, nicht aber metaphysischer Art. Das pluralistische Weltall ist ein Irrtum unseres Urteilens. Die Änderung des Urteils bedeutet einen Wandel in der Auffassung. Der Strick erscheint als eine Schlange, sobald aber die Illusion beseitigt ist, ist die Schlange wieder zum Strick geworden. Ebenso wird die Welt der Erfahrung in der Intuition des Brahman gewandelt. Die Welt wird hier weniger negiert, als vielmehr von neuem gedeutet. [...] Die Unterscheidung der Werte, von Wahrheit und Irrtum, von Tugend und Laster, die Möglichkeit der Erlangung von Moksa (Erleuchtung) durch die Welt der Erfahrung – alles dies setzt voraus, dass es in den Erscheinungen doch eine Wirklichkeit gibt. [...] Die Welt ist unwirklich, aber sie ist keine Illusion!

Gott

Von einer endlichen Welt können wir nur einen endlichen Schöpfer ableiten, selbst wenn wir annehmen, dass der Grundsatz, dass jede Wirkung eine Ursache hat, allgemein gilt. Die erste Ursache muss eine Einheit von gleicher

Ordnung wie die Objekte der Erfahrung sein, da diese auf sie bezogen werden. Wenn der Isvara (Gott) die Ursache der Welt ist, muss er innerhalb des Rahmens von Raum und Zeit stehen und ein ins Unermessliche vergrößerter Mensch sein, dessen Selbstbewusstsein durch die Mittlerschaft eines Leibes und eines Geistes, wie wir sie besitzen, bestimmt wird. Wenn es ein solches Wesen gibt, könnte uns keine noch so vorsorgliche Ausweitung unseres Erkennens dazu befähigen, sein Wesen und seinen Sinn zu bestimmen. Ein solcher Gott, der durch Mittel wirkt, die denen des Menschen ähnlich sind, wäre zudem weder unendlich noch allmächtig.

Das moralische Argument, dass der Zusammenhang der Dinge der Seele des Menschen angepasst ist und die Geschicklichkeit eines gütigen Gottes beweist, ist völlig unbefriedigend. Wie man die Sache auch drehen mag, in einer realen Welt fällt die Verantwortung für die Sünde und das Böse auf Gott. Wenn wir – um ihn von der Urheberschaft des Bösen freizusprechen – ein anderes Wesen annehmen, [...] und wenn wir dann diesen Satan für das Böse verantwortlich machen, ist die Einheit Gottes dahin, und wir haben einen Dualismus von Gott und Satan. [...] Ein vollkommener Gott braucht keine Welt zu seiner Zufriedenheit. Sagt man, die Welt sei zu seiner Freude geschaffen, dann ist Gott kein Gott, sondern nur ein Samsarin (hier: jemand, der an der Welt verhaftet ist). Wenn wir sagen, Gott habe Determinationen, Guna (siehe oben Brahman), wie die Persönlichkeit, die Vollkommenheit usw., ist nur schwer zu verstehen, wie diese absolut neben- und miteinander bestehen können. Der Versuch, die Kennzeichen der Persönlichkeit [guna] und der Absolutheit [brahman] zu bewahren, erscheint uns für die Logik fast unmöglich. Die Folgerung, die Samkara aus allen diesen unzulänglichen Beweisen für das Dasein Gottes findet, ist, dass die Frage in der Wirklichkeit belanglos sei und sich nur in der Welt der Erfahrung ergebe.

Shankara in den Augen der Hindus

In Fragen der Religion ist es einfach, einem hochauffliegenden Idealismus zu folgen und alle Gegebenheiten der Erde zu missachten – es ist ebenso leicht, einer streng realistischen Denkweise zu folgen, die alle Ideale leugnet; aber es ist schwierig, diese beiden Auffassungen sinnvoll miteinander zu verbinden. Das aber hat Samkara versucht. Es ist bei einem religiösen Lehrmeister eine einzigartige Erscheinung, dass er sechs verschiedene Religionssysteme* für gerechtfertigt hält – und so etwas ist auch nur in Indien und im Hinduismus möglich. [...]

Das Problem, das Samkara sich gestellt hat, ist zwar dem begrenzten Rahmen der religiösen Erfahrung der Upanishaden entnommen, ist aber dennoch von allgemeinem Interesse, und die Lösung, zu der er gelangt, erscheint durchaus befriedigend, wenn alle Elemente im Gleichgewicht gehalten werden sollen. Es ist vorwiegend eine philosophische Lösung, indem uns Samkara durch die Kraft des Geistes, der allein die verschiedenen Seiten des Lebens sinnvoll zu vereinigen und auszugleichen vermag, zu einem Ideal der Wonne und des Friedens hinführt. [...] Die Bedeutung des von Samkara Erreichten beruht auf der besonderen Kraft und Herrlichkeit des Denkens, mit der die Suche nach der Wirklichkeit betrieben wird, auf dem hohen Idealismus des Geistes, der ohne Rücksicht auf die theologischen Folgen die schweren Probleme des Lebens anpackt, und auf der Schau einer Vollendung, die ein göttliches Licht auf das menschliche Leben wirft.

Als einer der größten Philosophen und Dialektiker, als ein Mann von klarem Urteil und weiter Duldsamkeit lehrte uns Samkara, die Wahrheit zu lieben, den Verstand zu achten und den Sinn des Lebens zu verwirklichen. Inzwischen sind zwölf Jahrhunderte vergangen, und noch immer ist sein Einfluss erkennbar. Er zerstörte manches alte Dogma, und zwar nicht durch einen gewaltsamen Angriff, sondern durch die stille Andeutung von etwas Vernünftigerem und zugleich Geistigerem. Er setzte viele wertvolle Erkenntnisse und gestaltende Vorstellungen in allgemeinen Umlauf, die zwar bereits in den Upanishaden enthalten sind, doch von den Menschen vergessen wurden; auf diese Weise belebte er eine ferne Vergangenheit für uns von neuem. Er war kein idealistischer Träumer, sondern ein praktischer Seher und Philosoph und gleichzeitig ein Mann der Tat. Selbst diejenigen, die mit seiner Einstellung zum Leben nicht einig

** Gemeint sind die sechs klassischen Systeme der indischen Philosophie: Nyaya, Vaisheshika, Samkhya, Yoga von Patanjali, Purva-mimamsa und Advaita-vedanta von Shankara.*

gehen, zögern doch nicht, ihm einen Platz unter den Unsterblichen zuzuerkennen. [...] Während die geistige Religion Samkaras keine Heiligtümer und kein Ritual braucht, so war er doch einsichtig genug, aus der Geschichte zu lernen und denen solches anzuraten, die dessen bedürften. [...] Samkara ist einer der bedeutendsten Vertreter des allumfassenden und toleranten Charakters des Hinduismus, der stets dabei ist, fremde Glaubensvorstellungen anzugleichen. Diese tolerante Haltung ist weder ein Überbleibsel eines Aberglaubens noch ein Mittel zum Kompromiss, sondern ein wesentlicher Teil seiner praktischen Philosophie. *Sarvepalli Radhakrishnan*

Ein Fresko dass die alljährliche Zeremonie »pflügen« (sanskrit: Halakarshana) zeigt. Die Darstellung ist ein Ausschnitt aus dem Bühnenbild der Freilichtbühne von Visva-Bharati.

III. Der ethische Beitrag

1. Die Grundsätze

Die Ethik der Upanishaden

Aus alledem folgt, dass die Upanishaden auf der Verankerung der Moral im Innern bestehen und der der Haltung zugrunde liegenden Absicht eine große Bedeutung zumessen. Die innere Reinheit ist wichtiger als die äußerliche Übereinstimmung mit den Geboten. [...] Die Upanishaden fordern uns auf, die selbstsüchtigen Bestrebungen, jedoch nicht alle Interessen aufzugeben. Sie ermahnen uns zur Loslösung von unserem Selbst und zur Hinwendung zu Gott (bzw. Brahman). Der ideale Weise hat Wünsche, aber es sind keine selbstsüchtigen Wünsche. [...] Wenn wir aufgerufen sind, unseren Nächsten zu lieben, so darum, weil alle Menschen in der Wirklichkeit eins sind. Mein Nächster und ich sind in unserem innersten Selbst eins, wenn die äußerlichen und vergänglichen Unterschiede überwunden sind. *Sarvepalli Radhakrishnan*

Jeder Mensch ist göttlich

Ich grüße den Guten, den Heiligen, aber auch den Verruchten und Teuflischen! Sie alle sind meine Lehrer, meine spirituellen Väter, meine Erlöser. Ich mag den einen verfluchen und doch aus seinem Versagen lernen, ich mag den anderen segnen und Nutzen von seinen guten Taten haben. Das ist so wahr, wie ich hier stehe. Ich soll ein Straßenmädchen verachten, weil die Gesellschaft es verlangt? Sie ist mein Erlöser, sie, deren Tun die Ursache für die Keuschheit anderer Frauen ist! Denkt daran, Männer und Frauen, denkt über diese Frage nach. Es ist eine Wahrheit, eine nackte, kühne Wahrheit! Je mehr ich von der Welt sehe, je mehr Männer und Frauen ich kenne, desto stärker wird diese Überzeugung. Wen soll ich tadeln? Wen soll ich loben? Man muss beide Seiten der Medaille betrachten.

Swami Vivekananda

Die Ethik des Hinduismus basiert auf zwei Theorien:
1. Alle Lebewesen sind essentiell miteinander identisch und 2. man erntet die Früchte seiner Taten (karma).

❖ *Wie wirken sich diese beiden Grundsätze im Hinblick auf die Grundlagen der moralischen Haltungen und Handlungen aus?*

Einssein mit der Welt

Es gibt Augenblicke, in denen jeder Mensch fühlt, dass er eins ist mit dem Universum [...]. Dieser Ausdruck von Einheit wird von uns Liebe und Sympathie genannt und ist die Basis all unserer Ethik und Moral. Dies wird in der Vedanta-Philosophie zusammengefasst in dem gefeierten Satz: Tat Tvam Asi, »Das bist Du«. Jeder Mensch wird belehrt: Du bist eins mit dem universalen Wesen, und dadurch ist jede Seele deine Seele und jeder Körper dein Körper. Verletzt du irgendjemanden, dann verletzt du dich. Liebst du jemanden, dann liebst du dich. Wenn du Hass auf jemanden schleuderst und ihn dadurch verletzt, dann verletzt du dich. [...] Ich bin das Unendliche, nur bin ich mir dessen jetzt nicht bewusst. Ich ringe aber um dieses Bewusstsein des Unendlichen, und Vollkommenheit wird erreicht sein, wenn dieses Bewusstsein erlangt ist.

Swami Vivekananda

Die positive Einstellung zur Welt

In Indien wird es dem Menschen zur ersten Pflicht gemacht, sich stets der Tatsache bewusst zu sein, dass er mit Leib und Seele allen Dingen um ihn herum aufs Engste verwandt ist und dass er die Morgensonne, das fließende Wasser, die fruchtbringende Erde begrüßen muss als die Offenbarung derselben lebendigen Wahrheit, die ihn an ihrem Busen hält. Und so wählen wir zum Text unserer täglichen Andacht die Gayatri, den Vers, der als Quintessenz aller Verse gilt.* Mit seiner Hilfe versuchen wir die Wesenseinheit der Welt mit der [...] Seele des Menschen zu begreifen; wir lernen erkennen, dass diese Einheit zusammengehalten wird durch den Einen und Ewigen Geist, der die Erde, den Himmel und die Sterne schuf und der auch unsere Seelen mit dem Licht eines Bewusstseins erleuchtet, das in ununterbrochenem Zusammenhang mit der äußeren Welt sie durchrinnt. [...]

* *siehe S. 14*

Etwas Gutes tun ohne Erwartung einer Gegenleistung

(Nishkama-karma)

Vollbringe stets Taten, die getan werden müssen, ohne (in Erwartung) verhaftet zu sein; denn indem man Taten ohne Erwartung vollbringt, erreicht man das Höchste.

Bhagavadgita III, 19

Sei in der Welt stets der Gebende. Gib alles und trachte nicht nach Gegengaben. Gib Liebe, gib Hilfe, gib irgend etwas, was du entbehren kannst, aber ohne auf Gegenleistung zu hoffen. Stelle keine Bedingungen, dann wird niemand belastet. Lasst uns freigebig sein, wie Gott es auch ist.

Swami Vivekananda

Die Weisen vollbringen Taten (ohne Erwartung), weil sie das Wohl der Welt wünschen.

Bhagavadgita III, 25

Gott offenbart sich in seiner Schöpfungsarbeit, und es heißt in den Upanishaden: Wissen, Macht und Handeln ist seine Natur [Shetashvatara-upanishad VI, 8]. [...] Dasselbe wird an einer anderen Stelle gesagt, wenn es heißt: Aus der Freude werden alle Wesen geboren, durch Freude werden sie erhalten, und in Freude gehen sie ein, wenn sie von hinnen scheiden [Taittiriya-upanishad III, vi, 1].

Rabindranath Tagore

Umgang mit Leid und Verlust

Es gibt Leiden, bei denen uns die Frage kommt, ob wir sie verdienen. Aber wir wissen wohl, dass wir keine Antwort auf diese Frage finden. Daher hilft es uns nicht im Geringsten, wenn wir klagen, lasst uns vielmehr uns des Aufrufs, den sie an uns ergehen lassen, würdig zeigen. Dass wir verwundet wurden, ist eine Tatsache, die nicht viel Bedeutung hat, aber dass wir uns tapfer zeigten, ist eine Wahrheit von höchstem Gewicht. Denn die erstere gehört zur äußeren Welt der Ursache und Wirkung, während die letztere zur Welt des Geistes gehört. *Rabindranath Tagore*

Die Gewaltlosigkeit (ahimsa)

Der Prüfstein für Ahimsa ist das Fehlen der Eifersucht, des Neides. Jedermann kann unter dem Einfluss des Aberglaubens, des Pfaffentums oder der Eingebung des Augenblicks folgend eine gute Tat tun oder ein Geschenk machen; wer aber die Menschheit wirklich liebt, neidet niemandem etwas. Man sieht, wie die so genannten großen Männer der Welt einander um einen kleinen Namen, ein bisschen Ruhm und etwas Gold beneiden. Solange dieser Neid in einem Herzen wohnt, ist es von der Vollkommenheit, die Ahimsa schenkt, weit entfernt. Derjenige, der Witwen und Waisen unbarmherzig betrügt und für Geld die nichtswürdigsten Dinge tut, ist schlimmer als jeder noch so brutale Mensch, selbst wenn er ein reiner Vegetarier ist.

Der Mensch, in dessen Herz auch nicht der Gedanke einer Verletzung irgendeines Wesens aufkommt, der sich selbst am Wohlstand seines schlimmsten Feindes freut, ein solcher Mensch ist ein Bhakta (jemand, der Gott liebt), ist ein Yogi (jemand der Rajayoga praktiziert), ist der Guru (hier: der Lehrer) aller, selbst wenn er sich täglich von Schweinefleisch ernährt.*

Wir müssen uns darum stets vor Augen halten, dass äußere Übungen nur von Wert sind, wenn sie die innere Reinheit fördern. Es ist besser, nur die innere Reinheit zu besitzen, wenn eine sorgfältige Beachtung der äußeren Übungen nicht durchführbar ist.

Doch wehe dem Menschen und wehe dem Volk, das die wahren inneren Werte und die spirituelle Basis der Religion vergisst und mechanisch tote äußere Form nachahmt und ihnen anhängt. *Swami Vivekananda*

** Traditionell wird Schweinefleisch von den sog. Unberührbaren verzehrt.*

❖ Ist Ahimsa als Grundsatz des individuellen Handelns und der Organisation der Gemeinschaft geeignet?

❖ Vergleichen Sie die Gewaltlosigkeit in dem hier beschriebenen Sinne mit den Grundsätzen der Bergpredigt von Jesus, wie sie in Matthäus 5–7 berichtet werden.

2. Die Ethik der Weltentsager (sannyasis)

Das Vairagya (die Losgelöstheit)

Obwohl der Same des Geistes in einem jeden von uns gegenwärtig ist, wird er doch nicht durch unser Bewusstsein verwirklicht, das allzu geschäftig mit anderen Dingen beschäftigt ist. Wir müssen uns strenger Zucht unterwerfen, ehe wir die Neuausrichtung unseres Bewusstseins erreichen. Die Yoga-Philosophie lehrt (gemeint ist das System Rajayoga von Patanjali, dem Verfasser von Yoga-sutra), dass die erforderliche Hinderung der geistigen Zustände durch Übung und Beherrschung des Verlangens herbeigeführt wird. Während dieses die Frucht eines tugendsamen Lebens ist, bezieht sich jene auf unsere Bemühung um eine Standhaftigkeit des Denkens, die durch läuterndes Tun, Stetigkeit, Erkenntnis und Glauben zu erreichen ist. Vairagya, die Losgelöstheit, ist das Bewusstsein der Selbstmeisterung, das derjenige besitzt, der sich von dem Verlangen nach allen Objekten frei gemacht hat. *Sarvepalli Radhakrishnan*

Das Yoganga (die Yogaübungen)

Obwohl die leibliche Gesundheit nicht das Ziel des menschlichen Lebens ist, bedeutet sie dennoch eine seiner wesentlichen Zuständigkeiten. Wir können den Menschen nicht als eine physische Maschine ansehen, der von außen ein geistiges Leben zugegeben wird. Der Körper ist das Mittel zum Ausdruck des geistigen Lebens. Anstatt also diese materielle Grundlage zu verwerfen, erkennt der Yoga sie als einen Bestandteil des geistigen Problems an. Um alle Hemmnisse zu überwinden, bietet uns der Yoga die achtfältige Methode der Pflege (Yoganga) von: 1. Zucht [yama], 2. Befolgung der Gebote [niyama], 3. Einnehmen bestimmter Sitzarten [asana], 4. Regulierung des Atems [pranayama], 5. Zurückziehen der Sinnesorgane von den Objekten [pratyahara], 6. Ausrichtung des Denkens auf einen bestimmten Gegenstand [dharana], 7. Meditation [dhyana] und 8. Versenkung [samadhi]. Die fünf ersten sind die indirekten oder äußeren [bahiranga], die drei letzteren die direkten oder inneren [antaranga] Hilfen.

Sarvepalli Radhakrishnan

Unser Denken ist ein Kampffeld einander widerstrebender Kräfte, die einer Einheit unterworfen werden müssen. Es gibt einige lebenswichtige Neigungen, die nach einer Befriedigung streben und nicht leicht beherrscht werden können. Die Hindernisse zur Konzentration werden als die verschiedenen Formen des Nichtbegreifens bezeichnet: Unwissenheit [avidya], Egoismus [asmita], Zuneigung [raga], Abneigung [dvesa] und Haften am Leben [abhi-nivesa]. *Sarvepalli Radhakrishnan*

❖ *Beschreiben Sie das hier zugrunde liegende Verhältnis von Körper und Geist.*

❖ *Welche Funktionen für den Einzelnen, für sein Handeln in der Gemeinschaft haben die acht vorgeschlagenen Hilfen?*

Yama und Niyama

Yama und Niyama, die Zucht und die Befolgung von Geboten, betonen die zur Übung des Yoga unumgänglich notwendige ethische Vorbereitung. Wir sollen Nichttöten [ahimsa], Wahrhaftigkeit, Nichtstehlen, Enthaltsamkeit und Nichtannehmen von Geschenken pflegen – das heißt, mit anderen Worten: wir sollen niemand Böses antun und uns vor Falschheit, Diebstahl, Gier und Habsucht hüten. Am wichtigsten ist dabei Ahimsa, die Gewaltlosigkeit, in der alle anderen Tugenden wurzeln. Ahimsa wird so aufgefasst, dass man darunter das Zurückschrecken vor jeglicher Schlechtigkeit gegen alle und jedes lebende Wesen überall und zu jeder Zeit verstehen soll. Ahimsa ist nicht nur Nichttöten, es ist auch Nichthassen [...]. Die Pflege von Freundschaft, Sympathie, Heiterkeit und Unerschütterlichkeit gegenüber allen Dingen [...] erbringt eine Stille des Geistes [...]. Wir sollen von Eifersucht frei und gegenüber dem Leiden anderer nicht gleichgültig sein. Während wir wohl die Sünde hassen, müssen wir doch den Sünder gut behandeln. Für diese Prinzipien werden keine Ausnahmen eingeräumt, denn sie sind ihrer Art nach absolut gültig. [...] Die Niyama, die Gebote, sind: »Innere und äußere Reinigung, Zufriedenheit, Kasteiung, Studium und Gottesdienst.« [...] Die Übung in den Yama und in den Niyama begünstigen die Entfaltung der Losgelöstheit [vairagya], der Freiheit von allem Verlangen, sowohl hinsichtlich der Dinge dieser Welt als auch der Genüsse des Himmels. *Sarvepalli Radhakrishnan*

Sannyasin

Beherrschung des Körpers

Der Yoga erkennt, dass unser Körper ebenso wie unser Geist seine eigene Bedeutung hat. [...] Der Körper kann zur Grundlage tierischer Ausschweifung oder göttlicher Stärke gemacht werden. Wir werden dazu aufgefordert, hinsichtlich unserer Nahrung sorgfältig und vorsichtig zu sein. Wir sollten nichts essen und trinken, was unsere Nerven schädigt, sie aufreizt oder abstumpft. [...] Der Yoga fordert uns auf, unseren Körper zu beherrschen, ihn jedoch nicht abzutöten. Die Enthaltsamkeit von der Sinneslust ist nicht dasselbe wie eine Kreuzigung des Leibes, doch wurden beide im Hindu-Indien zuweilen genauso miteinander verwechselt, wie gelegentlich im christlichen Europa. Der Yoga lehrt, dass die Vollkommenheit des Leibes in Schönheit, Anmut, Kraft und diamantener Festigkeit besteht.

Sarvepalli Radhakrishnan

Pratyahara

Pratyahara, das Zurückziehen der Sinne von ihrer natürlichen äußeren Betätigung, entspricht dem Prozess der Introversion in der modernen Psychologie. Das Denken muss hierbei gegen alle Eindrücke von außen vollkommen abgeschlossen werden. [...] Die Zucht erfordert von uns die Abwendung von den unsteten Impulsen und beharrlichen Gedanken. [...] Jeder Sucher nach der Wahrheit ist dazu aufgerufen, in seinem Herzen eine Mönchszelle zu bereiten und sich täglich in sie zurückzuziehen. *Sarvepalli Radhakrishna*

Dienst an Mitmenschen Siehe II. Nähere Betrachtung, Der Hinduismus als Gesellschaftssystem, Die Weltentsager (sannyasis), S. 10.

Der Gesang des Sannyasin

Stimm an den Sang! den Sang, der seinen Ursprung hat
Weit weg, wo welt'ge Lust nie hingelangt,
In Bergeshöhen, in tiefer Wälder Einsamkeit,
Der'n Ruh kein Schrei nach Lust, Geld oder Ruhm
Je zu durchdringen wagte; wo floss der Strom
Der Kenntnis, Wahrheit und der Wonne, die beiden folgt.
Sing laut, Sannyasin, ohne Furcht! Sag –
»Om Tat Sat, Om!«*
Wirf ab die Fesseln! Bande, dich zu zwingen,
Aus schimmernd Gold, aus dunklem, schlech´trem Erz:
Liebe, Hass – gut, böse – und all der Doppeltrug.
Denn Sklav' bleibt Sklav', gekost – gepeitscht; er ist nicht frei;
Bind'n goldne Fesseln doch nicht minder stark,
Drum weg damit, Sannyasin, ohne Furcht!
Sag – »Om Tat Sat, Om!« [...]
Sprich: »Friede allen! Denn nichts, was lebt,
Bedrohe ich; nicht die, die herrlich oben wohnen,
Nicht die, die unten kriechen; ich bin das Selbst in all'n!
Aufs Leben hier und dort Verzicht ich leist';
Auf Himmel, Erde, Hölle, Hoffnung, Angst.«
So brich die Bande, Sannyasin, ohne Furcht!
Sag – »Om Tat Sat, Om!« [...]
Hab du kein Heim. Welch's Heim vermag dich bergen, Freund?
Der Himmel sei dein Dach, das Gras dein Bett, und Nahrung,
Wie sich's ergibt, gut oder schlecht gekocht, beacht' es nicht.
Denn weder Speis' noch Trank befleckt das edle Selbst,
Das selbst sich kennt. Dem Strom, der frei dahin sich wälzt,
Sei du auf immer gleich, Sannyasin, ohne Furcht ! Sag – »Om Tat Sat, Om!« [...]
So, Tag um Tag, bis Karmas Macht erschöpft
Befrei die Seel' für immer. Keine Geburt mehr,
Nicht ich, noch du, noch Gott, noch Mensch. Das »Ich«
Verschmolzen ist im All, das All ist »Ich« und Wonne.
Und Das bist du, Sannyasin, ohne Furcht !
Sag – »Om Tat Sat, Om!«

Swami Vivekananda

** »Om Tat Sat, Om!« – »Om, das ist die Wahrheit, Om!«, Om ist ein weiterer Begriff für Brahman.*

3. Die Laienethik

Alles ist Gottes Eigentum

Früh am Morgen, eines Tages, saß Shivaji in seiner Burg und sah
Seinen Guru Ramadasa; er ging von Tür zu Tür und bettelte um Almosen, als ob er mittellos wäre.
Er dachte: »Was ist denn das! Mein Guru bettelt! Er, dem nichts fehlt!
Auch er, dem alles gehorcht, dem selbst der König sich unterwirft, hat offene Wünsche!
Das ist doch so, als ob man Tag und Nacht sich bemüht, einen löcherigen Krug mit Wasser zu füllen!«
Und sagte: »Ich werde sehen, wieviel man geben muss, um seine Betteltasche gänzlich vollzukriegen!«
Er holte das Schreibzeug, schrieb etwas und ließ Balaji kommen.
Ihm sagte er: »Lege diesen Zettel an die Füße meines Gurus, wenn er zur Burg kommt, um zu betteln.«
Der Guru geht und singt, während viele Menschen und Pferdewagen geschäftig an ihm vorbeiziehen:
»O Bhavesha*, O Shankara, allen hast du ein Zuhause gegeben, mir jedoch nur die Straße.
Meine Mutter Annapurna• hat die Verantwortung für die ganze Welt auf sich genommen, und alle sind sie glücklich;
Nur mich hast du, o Bettler, von meiner Mutter gezerrt und zu deinem Diener gemacht!«
Er beendete das Lied, nahm die Mittagsdusche und kam zum Burgtor.
Balaji verneigte sich vor ihm, legte den Zettel zu seinen Füßen und stellte sich zur Seite. Der Guru hob den Zettel neugierig auf und las ihn:
(König) Shivaji verehrt seine Füße und opfert ihm hiermit sein Königreich.
Am nächsten Tag ging Ramadasa zum König und fragte: »Sohn, nun sage mir,
Du opferst mir dein Königreich; welche Arbeit kannst du dann noch verrichten? Welche Fähigkeiten besitzt du denn?«
Shivaji verbeugte sich und sagte: »Mit Freude werde ich mein Leben zu deinem Dienste opfern.«
Der Guru sagte: »Nimm dann diese Betteltasche und komme mit mir, um zu betteln.«
Shivaji begleitete seinen Guru mit der Betteltasche in der Hand von Tür zu Tür.
Die Kinder liefen ängstlich ins Haus hinein, als sie den König sahen, und holten ihre Eltern.
Der, dem der unendliche Reichtum gehört, hat das Gelübde des Bettelmönches auf sich genommen – das ist wie wenn der Stein im Wasser schwimmt.
Beschämt gaben sie (dem König) Almosen und ihre Hände zitterten; und sie dachten: »Dies ist das Spiel des großen Geistes!«
Die Glocke läutete die zweite Tageshälfte in der Burg ein; die Leute ruhten sich aus.
Ramadasa stimmte sein Ekatara▪ und sang gerührt:
»O Herr der Welten, ich verstehe deinen Gedanken nicht. Es fehlt dir an nichts; und trotzdem bettelst du bei jedem Herzen um das Ganze.«
Der Tag kam zu Ende. Sie nahmen im Fluss am Ende der Stadt das Abendbad.
Und kochten die Gabe mit Freude. Der Guru aß ein wenig und der Schüler bekam den Rest.
Der König lachte und sagte: »Nun hast du den Stolz des Königs gebrochen, hast ihn zum Bettler gemacht !
Der Diener steht zu Diensten! Welchen Wunsch hast du noch? Ich möchte an deinem Leid teilhaben!«
Der Guru sagte: »Hör zu, du hast einen schwierigen Vorsatz gefasst. Nun musst du auch entsprechend die Last tragen.
Ich befehle dir, dass du in meinem Namen noch einmal das Königreich antreten wirst.
Der, der über die Welt waltet, hat dich nun zum Vertreter der Bettelmönche gemacht; der König muss demütig sein, weltlichen Dingen unverhaftet bleiben.
Fasse alle königlichen Arbeiten (von nun an) als Aufträge von mir auf. Indem du das Königreich besitzt, bleibst du ohne das Königreich.
Kind, nimm dann dieses ockerfarbene Tuch mit meinem Segen.
Mache das Tuch des Mönchtums zu deiner Fahne.«
Der König saß am Ufer mit gesenktem Haupt; schwere Gedanken beluden seinen Kopf.
Der Kuhhirte hörte auf in die Flöte zu blasen, die Kühe kehrten zurück in den Stall und die Sonne ging am anderen Ufer unter.
Ramadasa stimmte den Ton auf (den Raga) Puravi und sang mit voller Konzentration:
»Wer bist du, der Du mir in dieser Welt den Schein des Königs gegeben hast und selbst im Hintergrund bleibst?
O König, ich habe deine Schuhe mitgebracht und halte mich unter deinen Füßen.
Es wird Abend; wie lange soll ich noch warten! Komme, sei König in deinem Königreich.«

Rabindranath Tagore

König Shivaji regierte im 17. Jahrhundert in Mahrashtra

* *Bhavesha: ein weiterer Name von Gott Shiva*

• *gemeint ist die Göttin Annapurna, wörtlich: reich an Nahrung, die Frau Shivas*

▪ *Saiteninstrument*

❖ *Diskutieren Sie die Lebensaufgabe eines Königs und die eines Bettelmönchs.*

❖ *Was bedeuten Eigentum und Macht für Sie? Würde Guru Ramadasa Ihnen zustimmen?*

Genieße sie (die Welt), ohne dich darin zu verhaften. Sei nicht gierig (auf die Güter anderer). Wem gehört der Reichtum? *Isha-upanishad, 1*

Einer der letzten lebenden Mitstreiter Mahatma Gandhis, Surenderlal Bahuguna (Träger des alternativen Nobelpreises), kämpft für die Unberührbaren und den Umweltschutz. Jetzt versucht er, den Bau eines Staudammes zu verhindern, der hunderttausende Menschen zur Umsiedlung zwingen würde.

Nicht Rechte, sondern Pflichten

Wenn alle nur auf Rechten und nicht auf Pflichten bestehen, wird äußerste Verwirrung und Chaos herrschen. Wenn, anstatt auf Rechten zu bestehen, jeder seine Pflicht tut, wird sogleich die Herrschaft der Ordnung unter der Menschheit errichtet werden. Macht man diese einfache und universale Regel Unternehmern wie Arbeitern, Landbesitzern und Pächtern, Fürsten und Untergebenen oder den Hindus und den Moslems zur Pflicht, so wird man herausfinden, dass die glücklichen Beziehungen auf allen Lebensgebieten geschaffen werden können, ohne die Störungen oder Verwirrungen in Leben und Arbeit anzurichten, wie man sie in Indien und anderen Teilen der Welt vorfindet.

Mahatma Gandhi

Ich muss es ablehnen, den Nackten weiterhin Kleider zu schenken, die sie nicht gebrauchen können, statt ihnen Arbeit zu geben, die sie so bitter nötig haben. Ich darf nicht die Sünde begehen, ihr Gönner sein zu wollen. Wenn ich aber begreifen lerne, dass ich meinen Teil zu ihrer Verarmung beigetragen habe, werde ich ihnen nicht mehr fortgeworfene Kleider und Krumen anbieten, sondern das Beste, was ich an Kleidern und Nahrung besitze, und werde an ihrer Seite arbeiten.

Mahatma Gandhi

Gemeinwohl vor Eigeninteresse

Wir haben unsern sozialen Leib, durch den wir in Beziehung zu andern Menschen stehen. Seine bewussten Wünsche sind die, die aus unsern selbstsüchtigen Trieben entstehen. Wir wollen mehr bekommen als andre und weniger bezahlen, als wir schuldig sind. Aber in der Tiefe unsres sozialen Lebens wirkt noch ein andres Verlangen, das sich auf das Wohl der Gemeinschaft richtet. Wer weise ist in Bezug auf das Wohl des Ganzen, weiß dies und sucht all seine lauten Wünsche nach persönlichem Vergnügen und Behagen und nach persönlicher Freiheit unter die Herrschaft dieses leisen Wunsches nach dem Wohl aller zu bringen. *Rabindranath Tagore*

Ziviler Ungehorsam

Wenn jedoch trotz äußersten Bemühens die Reichen nicht [...] zu Beschützern der Armen werden wollen und diese weiterhin ausgepresst werden und Hungers sterben, was soll dann geschehen? Beim Versuch einer Lösung dieses Rätsels habe ich [...] den zivilen Ungehorsam als angemessenes und unfehlbares Mittel herausgestellt. Die Reichen können ohne die Mitarbeit der Armen keine Reichtümer sammeln. Würde sich das Wissen um diese Möglichkeiten unter den Armen verbreiten, so wären sie bald stark und wüssten sich mit gewaltlosen Mitteln von der niederdrückenden Ungleichheit freizumachen, die sie an den Rand des Hungertodes gebracht hat.

Mahatma Gandhi

Tierschutz

Das Nicht-Töten von Tieren

Einem lebenden Wesen aus Ärger oder in selbstsüchtiger Absicht Schmerz zu verursachen, Böses zu wünschen oder das Leben zu nehmen, ist Himsa. Tötet man aber andererseits ein lebendes Wesen oder bereitet ihm Schmerz im Hinblick auf sein geistiges oder physisches Wohl und geschieht dies in reiner und selbstloser Absicht, so muss man nach ruhiger und klarer Beurteilung zugeben, dass dies die reinste Art von Ahimsa sein kann. Jeder Fall dieser Art muss individuell beurteilt werden und muss berechtigte Gründe haben. Der entscheidende Prüfstein, ob es sich dabei um Gewalt oder Gewaltlosigkeit handelt, ist letzten Endes die zugrunde liegende Absicht. Auch meine Ahimsa hat ihre persönlichen Grenzen. So bin ich nicht in der Lage, die Lehre vom Nicht-Töten der Tiere in ihrem vollen Umfang anzuerkennen. Ich habe kein Gefühl dafür, dass man das Leben solcher Tiere schonen sollte, die den Menschen zerreißen oder ihm Verletzungen zufügen. Es ist m. E. falsch, ihre Vermehrung zu unterstützen. Darum füttere ich nicht Ameisen, Affen oder Hunde. Ich würde nie eines Menschen Leben preisgeben, um das ihrige zu retten. Überlegungen in dieser Richtung haben mich zu der Überzeugung geführt, dass das Beseitigen von Affen da, wo sie das Wohl der Menschen bedrohen, zu verzeihen ist. Solches Töten wird zur Pflicht. Es könnte hier die Frage auftauchen, warum diese Regel nicht u. U. auch auf Menschen angewandt werden sollte. Das kann man nicht, denn wie schlecht Menschen auch sein mögen, sie sind unseresgleichen. Im Gegensatz zum Tier hat Gott dem Menschen die Vernunft gegeben.

Mahatma Gandhi

Allumfassende Brüderlichkeit

Im reinsten Hinduismus sind ein Brahmane, eine Ameise, ein Elefant und ein Hundekoch (Shwapaka) gleichwertige Geschöpfe Gottes. Der Hinduismus verlangt brüderliche Verbundenheit nicht nur mit der gesamten Menschheit, sondern mit allem, was lebt. Diese Vorstellung macht uns zwar schwindlig, aber wir müssen uns zu ihr durchringen. Sobald wir wahre, lebendige Gleichheit zwischen Mensch und Mensch wieder hergestellt haben, werden wir auch fähig sein, die Gleichheit zwischen dem Menschen und der gesamten Schöpfung aufzurichten. Wenn dieser Tag kommt, wird »Friede auf Erden« sein »und den Menschen ein Wohlgefallen«.

Mahatma Gandhi

In einigen Teilen Indiens werden Kühe verehrt.

❖ *Sehen Sie Unterschiede oder sogar einen Widerspruch zwischen der Haltung des reinsten Hinduismus und der des Erneuerers des Hinduismus, Mahatma Gandhi?*

4. Hinduistische Stellungnahmen zu aktuellen Fragen

Zusammenleben mit Andersgläubigen
Indien ist ein Land, in dem alle Religionen vertreten sind und religiöse Toleranz eine große Rolle spielt.

Die Grundeinstellung

Eine andere Besonderheit des Vedanta (hier: Lehre der Upanishaden) ist, dass wir die unendliche Vielfalt im religiösen Denken gelten lassen müssen und nicht versuchen sollten, jedermann zur selben Auffassung zu bringen, denn das Ziel ist dasselbe. Wie der Vedantin in seiner poetischen Sprache sagt: »Wie die vielen Flüsse, die ihre Quellen in verschiedenen Gebirgen haben und gewunden oder gerade dahinfließen, schließlich in den Ozean münden, so kommen die verschiedenen Bekenntnisse und Religionen, die mit unterschiedlichen Standpunkten beginnen und krumme oder gerade Wege einschlagen, schließlich alle zu Dir.« *Swami Vivekananda*

Im Jahr 2002 hat sich das zuständige Komitee des Chempakachinpara-Tempels in Kerala (Südindien) dafür entschieden, den Christen G. Sebastian als Geschäftsführer des Shiva-Tempels zu bestellen.

Die Bewunderung für Buddha und Christus

Obwohl der Hinduismus gegenüber anderen Religionen tolerant ist, kann er natürlich auch Kritik an ihnen üben. Eine distanzierte Toleranz zeigt der Hinduismus gegenüber dem – in Indiens Geschichte auch gewalttätig erlebten – Islam. Findet dagegen der Hinduismus etwas einer anderen Religion bedenkenswert, wird versucht, dies mit der hinduistischen Lehre zu harmonisieren und so in den Hinduismus zu integrieren. Buddhismus und Christentum sind dafür Beispiele. Die Hindus bewundern Buddha und Jesus Christus wegen ihrer Gewaltlosigkeit und grenzenlosen Liebe für die Menschheit. Deshalb gelten beide als Inkarnationen Gottes.

Beim Fest Maghmela in Visva-Bharati singen Hindus und Moslems gemeinsam Gottes Lobgesang

Alle Menschen reproduzieren bzw. inkarnieren Gottes Wesen bis zu einem gewissen Grad, seine Wahrheit, Liebe und Macht, wobei die, welche Avataras (Inkarnationen) genannt werden, dies auf eine bemerkenswerte Weise und höherem Grade tun. Dies war der Fall bei Rama (gemeint ist der Held des Epos Ramayana), Krishna und Buddha. Jesus ist ein Avatara, denn seine Liebe für die Sündigen, die sich auf eine bemerkenswerte Weise in seinem Appell am Kreuz, »Vater, vergib ihnen, denn sie wissen nicht, was sie tun«, zeigte, passt gänzlich zu Gottes Liebe. […] In unserer Loyalität und Devotion für Jesus dürfen wir sagen, dass Gottes Offenbarung in Jesus eine perfekte und vollständige war, und dass seine Persönlichkeit in der Geschichte unerreicht geblieben ist. *Sarvepalli Radhakrishnan*

Jesus Christus war Gott, der persönliche Gott wurde ein Mensch. Er hat sich viele Male in verschiedenen Gestalten manifestiert, und nur diese (Gestalten) können Sie verehren. Gott in seiner absoluten Natur ist nicht zu verehren. […] Wir müssen Jesus als Gott verehren, die menschliche Manifestation (Gottes). […] Bleiben Sie nahe bei Christus, wenn Sie die Erlösung wollen. Er ist höher als jeder Gott, den Sie sich vorstellen können. […] Philosophisch gesehen gab es keine andere Menschen wie Christus und Buddha; wir sahen Gott durch sie *Swami Vivekananda*

Vision von der Zukunft

Man hört im Allgemeinen, dass die Vedanta-Philosophie und andere östliche Systeme nur das Jenseits im Auge haben und den Vergnügungen und Kämpfen dieses Lebens abgeneigt sind. Diese Vorstellung ist völlig falsch. Nur die Unwissenden, die vom östlichen Denken nichts kennen und nicht intelligent genug sind, diese Lehren zu verstehen, er-

zählen so etwas. [...] Der Hindu ist genauso praktisch wie der Europäer, die beiden unterscheiden sich nur in ihrer Lebensbetrachtung voneinander. Der eine sagt: »Baue ein gutes Haus, kleide und ernähre dich gut, bilde dich – das reicht fürs Leben«, und darin ist er ungeheuer praktisch. Doch der Hindu sagt: »Wahre Erkenntnis bedeutet Erkenntnis der Seele und Metaphysik«, und er will ein solches Leben genießen. [...]
Die Vorstellung, dass nur der Westen praktisch sei, ist unsinnig. Sie sind praktisch auf die eine Weise und ich auf eine andere. Es gibt unterschiedliche Arten von Menschen und Auffassungen. [...] Wenn im Westen die Menschen von Goldfunden in einem unzivilisierten Land hören, werden Tausende alle Gefahren auf sich nehmen in der Hoffnung, dort Gold zu finden, und vielleicht hat nur einer Erfolg. Dieselben Menschen haben gehört, dass sie eine Seele besitzen, sind aber zufrieden, wenn die Kirche sich darum kümmert. Ein Mensch aus dem Osten wird sich nicht zu den Wilden begeben, es könnte gefährlich sein. Wenn man ihm aber sagt, dass auf dem Gipfel eines hohen Berges ein Heiliger lebt, der ihm die Erkenntnis der Seele zu geben vermag, dann wird er versuchen, dahin zu gelangen, auch wenn der Versuch sein Leben kostet. Beide Typen sind praktisch. [...]
Ich will nicht sagen, dass Ihr Standpunkt falsch ist. Gutes und Segensreiches ist dadurch entstanden. Aber verdammen Sie deshalb meine Betrachtungsweise nicht. Meine ist auf ihre Art auch praktisch. Lasst uns alle unsere eigenen Pläne verfolgen. Gäbe Gott, dass alle gleich praktisch wären – auf beiden Gebieten. [...]
Wenn ein Kessel mit Wasser zu kochen beginnt, steigen zuerst einzelne Blasen auf, dann immer mehr, bis sich alle vereinigen und eine gewaltige Bewegung entsteht. Diese Welt ist ähnlich. Jedes Individuum gleicht einer Blase, und die Nationen gleichen vielen Blasen. Langsam vereinigen sich diese Nationen, und ich bin sicher, dass eines Tages alle Trennungen verschwinden und sich die Einheit manifestiert, auf die wir alle zusteuern. Es muss eine Zeit kommen, wo jeder Mensch wissenschaftlich und spirituell gleich praktisch sein wird, und dann wird diese Einheit, die Harmonie der Einheit, die ganze Welt durchdringen. *Swami Vivekananda*

Tradition und Demokratie

Wenn eine traditionelle Lebensweise geopfert werden muss, um bitterer Armut oder sehr geringer Lebenserwartung zu entkommen [wie es in vielen traditionellen Gesellschaften seit Jahrtausenden der Fall war], dann muss das unmittelbar davon betroffene Volk die Gelegenheit haben, an der Entscheidung mitzuwirken. Der wirkliche Konflikt besteht zwischen
1. dem fundamentalen Wert, dass Menschen sich frei entscheiden können müssen, welchen Traditionen sie folgen wollen und welchen nicht; und
2. dem Beharren darauf, dass tiefverwurzelte Traditionen befolgt werden [gleichgültig welche], oder alternativ darauf, dass die Menschen sich den Entscheidungen geistlicher oder weltlicher Autoritäten zu unterwerfen haben, denen die Durchsetzung der Traditionen – seien sie nun real oder nur imaginiert – anvertraut ist.
Das erste Gebot bezieht seine Überzeugungskraft aus der fundamentalen Bedeutung der menschlichen Freiheit, und sobald es anerkannt ist, ergeben sich starke Konsequenzen dafür, was im Namen einer Tradition getan werden kann und was nicht. Die methodische Struktur »Entwicklung als Freiheit« unterstreicht dieses Gebot.
In der Tat gilt nach der freiheitsorientierten Auffassung, dass die Freiheit aller, darüber mitzuentscheiden, an welchen Traditionen sie festhalten wollen, nicht durch irgendwelche nationalen oder lokalen »Wächter« außer Kraft gesetzt werden kann – weder durch Ajatollahs oder andere geistliche Autoritäten noch durch politische Machthaber [bzw. Diktatoren auf der Regierungsbank] oder durch fremde oder eigene Kultur»experten«. [...]
Die Frage [...] muss allen Menschen in der Gesellschaft offen vorgelegt werden, damit sie darüber befinden und gemeinsam entscheiden. Jeglicher Versuch, die partizipatorische Freiheit um traditioneller Werte willen [etwa des religiösen Fundamentalismus, politischer Sitten oder der sogenannten asiatischen Werte] zu ersticken, verfehlt das Legitimitätsproblem und die Notwendigkeit, dass die betroffenen Menschen darüber entscheiden können müssen, was sie wollen und was sie vernünftigerweise anzuerkennen haben.

❖ *Wie begründen Radhakrishnan und Vivekananda die religiöse Toleranz des Hinduismus?*
❖ *Wann sind Kritik und Abgrenzung nötig?*

Auf gewaltlose Weise versammelte Medha Pathar die Protestbewegungen gegen das Narmada-Staudammprojekt – ein Beispiel für zivilen Ungehorsam

Diese elementare Erkenntnis hat eine bemerkenswerte Reichweite und bedeutsame Konsequenzen. Der Verweis auf die Tradition ist kein ausreichender Grund, um prinzipiell die Freiheit der Medien zu unterdrücken oder das Recht der Bürger, miteinander zu kommunizieren. [...] Da Partizipation Wissen und elementare Kulturfähigkeiten voraussetzt, widerspricht es unmittelbar den fundamentalen Bedingungen partizipatorischer Freiheit, wenn bestimmte gesellschaftliche Gruppen vom Schulbesuch ausgeschlossen bleiben – z. B. die Mädchen. Obgleich diese Rechte oft bestritten wurden – einer der heftigsten Angriffe erfolgte in jüngster Zeit von den Taliban in Afghanistan –, kann ein freiheitsorientierter Standpunkt diese elementare Forderung keinesfalls zurückweisen. »Entwicklung als Freiheit« hat nicht nur für die obersten Ziele der Entwicklung weitreichende Folgen, sondern auch für die zu respektierenden Prozesse und Verfahren. *Amartya Sen*

Ein anderer Punkt ist die anhaltende Ungleichbehandlung der Geschlechter, auch sie fordert ein leidenschaftliches Engagement, angefangen bei der Kritik bis hin zu Reformvorschlägen. Sobald diese vernachlässigten Themen auf die öffentliche Tagesordnung gesetzt werden, müssen die Regierenden Stellung beziehen. In einer Demokratie bekommen die Menschen in der Regel, was sie fordern, und, wichtiger noch, es wird ihnen normalerweise nichts aufgezwungen, was sie nicht wollen. Zwei der stiefmütterlich behandelten Bereiche der sozialen Chancen – die Gleichheit der Geschlechter und das Schulwesen – werden heute von den Oppositionsparteien in Indien aufgegriffen und infolgedessen auch von der Legislative und Exekutive beachtet. Zwar werden sich handfeste Ergebnisse erst in der Zukunft einstellen, doch schon jetzt sind einige positive Schritte unübersehbar. Zu nennen wären hier ein Gesetzesentwurf, der vorsieht, dass mindestens ein Drittel der Parlamentssitze von Frauen besetzt wird, und ein Bildungsprogramm, das einer wesentlich größeren Gruppe von Kinder das Recht auf elementare Schulbildung gewährt. Man darf wirklich behaupten, dass der Beitrag zur Demokratie in Indien sich keineswegs darin erschöpft, ökonomische Katastrophen wie etwa Hungersnöte zu verhindern. Wie begrenzt ihre Praxis auch sein mag, die Demokratie hat Indien eine gewisse Stabilität und Sicherheit geschenkt, Dinge, die viele Menschen bei der Unabhängigkeitserklärung im Jahr 1947 recht pessimistisch beurteilten. Damals hatte Indien eine unerfahrene Regierung, litt unter dem Chaos der Teilung, unter undurchsichtigen politischen Allianzen und zu allem Übel unter gewaltigen Auseinandersetzungen zwischen rivalisierenden Gruppen und sozialen Unruhen. An die Zukunft eines vereinten und demokratischen Indien zu glauben fiel schwer. Und dennoch sehen wir ein halbes Jahrhundert später eine Demokratie vor uns, die bei allem Auf und Ab ganz gut funktioniert. Politische Differenzen wurden größtenteils im Rahmen der Verfassung ausgetragen. Regierungen kamen und gingen gemäß den Spielregeln der freien Wahlen und des Parlamentarismus. Indien, dieses unschöne, unwahrscheinliche und formlose Konglomerat von Differenzen, hat innerhalb, ja dank einer funktionierenden Demokratie als politische Einheit überdauern und bemerkenswert gut arbeiten können.

Es hat sogar der ungeheuren Herausforderung standgehalten, die von den vielen unterschiedlichen Sprachen und Religionen ausging, einer außergewöhnlichen religiösen und kulturellen Vielfalt. Gewiss, religiöse und ethnische Unterschiede lassen sich leicht von sektiererischen Politikern ausschlachten, was in den letzten Jahren auch häufiger geschah und im Land Wirren hervorrief. Doch die Tatsache, dass diese Wirren leicht in sektiererische Gewaltakte abgleiten, aber von breiten Schichten der Bevölkerung verurteilt werden, ist letzten Endes die entscheidende demokratische Gewähr dafür, dass die engstirnige Ausbeutung sektiererischer Neigungen ins Leere läuft. Für den Fortbestand und den Wohlstand eines Landes, das wie Indien so viele Unterschiede in sich birgt, ist das unabdingbar, denn Indien mag zwar eine hinduistische Mehrheit haben, aber es ist auch das drittgrößte moslemische Land der Welt, und auf seinem Boden leben neben der Welt größten Gemeinschaften von Sikhs, Parsen und Jains auch Millionen von Christen. *Amartya Sen*

❖ Viele Religionen haben Schwierigkeiten, ihre religiösen Grundsätze und Traditionen mit der Demokratie zu vereinbaren. Wie bestimmt Amartya Sen das Verhältnis des Hinduismus zu den grundlegenden Menschenrechten, der Freiheitsrechten des Individuums, religiösen Aufgaben des Staates und demokratischen Staatsbürgerrechten?

Gentechnologie

Viele Hindus votieren gegen die Gentechnologie, da diese den Industrieländern noch mehr Macht über die Entwicklungsländer verspricht; andere sehen ein großes Risiko, dass einige Mediziner sie missbrauchen könnten. Bei sachlicher Betrachtung dieses modernen Wissenschaftszweigs stellt man aber fest, dass die heiligen Schriften der Hindus nichts gegen die Gentechnologie haben. Es ist das eigene alte Karma, das den jetzigen körperlichen und geistigen Zustand eines Wesens bestimmt, und ein Hindu hat das Recht, das Karma inhaltlich und formal selbst für das zukünftige Leben zu bestimmen. Ferner empfehlen die Schriften der Hindus (dharma-shastras) den Eltern, ihren Körper und Geist mit religiösen Übungen zu reinigen, bevor sie ein Kind zeugen. Die Eltern sollen so das Los ihres Kindes und damit auch ihr eigenes Los beeinflussen. Es gibt keinen Schöpfer, dessen Plan dadurch widersprochen würde. Alles, was mit einem geschieht, ist durch das eigene alte Karma bestimmt. Auf der Basis dieser Karma- und Wiedergeburt-Theorie formuliert die hinduistische Lehre keine Einwände gegen die Gentechnologie. Die ethische Kontrolle geschieht durch die Theorie des Karma.

Technischer Fortschritt

Die Vorfahren der Inder sollen die Null erfunden haben. Die heutige Generation lernt schon im Kindergartenalter, mit Buchstaben und Zahlen umzugehen. Auf den höheren Schulen, den Colleges und Universiäten sind Mathematik und Physik die bevorzugten Fächer. Ehrgeizige Mittelstandseltern sind erst zufrieden, wenn der Sohn oder inzwischen auch die Tochter Ingenieurwissenschaften oder Medizin studieren. »Mit einem Orchideenfach kommst du nicht weit«, sagen sie ihren Kindern.
Indien hat zwar die Elementarbildung sträflich vernachlässigt, das Land hat aber in den fünfziger und sechziger Jahren technische Institute und Colleges gebaut, die frühzeitig die Fächer Informatik und Elektronik aufgenommen haben und von denen viele den Vergleich mit dem Westen nicht scheuen müssen. [...]
Singapur sei wohl geordnet, aber eben auch langweilig, finden sie. Und in der Tat könnte es sein, dass der freie Diskurs in der offenen indischen Gesellschaft die Gedankensprünge der Software-Industrie befördert, zusammen mit gleitenden Arbeitszeiten, informeller Kleiderordnung und dem fast völligen Fehlen hierarchischer Vorschriften. [...]
Während im Norden die bevorzugten Berufsziele Geschäftsmann oder Landwirt sind, dominieren im Süden brahmanische Ideale, die den Konsum gering, Lernen aber umso höher achten. Besonders die Iyengar-Brahmanen haben sich als Mathematiker und Juristen ausgezeichnet. Die meisten indischen Nobelpreisträger kommen aus Bangalore, erfährt man in dieser ehrgeizigen Stadt, die nach wie vor die meisten Software-Unternehmer beherbergt, obwohl sich inzwischen der Konkurrenzdruck von Hyderabad bemerkbar macht. »Indien hat die industrielle Revolution verpasst, seine Intellektuellen haben sich auf Papier und Bleistift beschränken müssen. Sie sind zu Hause in der Mathematik, in der theo-

❖ *Der Beitrag zur Gentechnologie bezieht sich auf die Anwendung gentechnischer Methoden am Menschen. Welche Eingriffe (z.B. im Rahmen der Keimbahntherapie, der Diagnose von genetisch bedingten Krankheiten usw.) wären nach der »Theorie des Karma« erlaubt, welche verboten?*

❖ *Wie lassen sich diese Grundsätze auf die Genmanipulation an Pflanzen oder Tieren übertragen?*

❖ *Welche Überzeugungen des Hinduismus machen ihn offen für technischen Fortschritt?*

Bangolore und sein Infotec-Park

* Rishis waren Gelehrte, die auf Äußerlichkeiten wenig Wert legten, umso mehr aber auf das Geistige

retischen Physik, im abstrakten Denken und im Konzeptualisieren – alles Eigenschaften, die von Computerwissenschaftlern, Programmierern oder Designern verlangt werden.« Das sagt einer, der es wissen muss: N. R. Narayana Murthy, dessen Unternehmen Infosys Technologies in Bangalore zu den großen drei in der indischen Computerbranche gehört und als erste indische Firma an der amerikanischen Technik-Börse Nasdaq notiert wurde. Sein Kollege Ramalinga Raju, Chef der Satyam Computer Services in Hyderabad, erinnert an die jahrtausendealte Tradition der Rishis*, an die Wurzeln einer Kultur, die Nachdenken und Auswendiglernen zu Werten an sich gemacht hat. Vor allem im Süden, wo Neunjährige 19 mal 17 rasch im Kopf ausrechnen und eigene Websites betreiben, wo Eltern nichts dabei finden, den letzten Quadratmeter Ackerland zu verkaufen, um für den Sohn das College finanzieren zu können. [...]

Schon jetzt sind Azim Premji (54 Jahre alt), Narayana Murthy (53) und Ramalinga Raju (44) die Lieblinge des Publikums und der Wirtschaftspresse. Weil sie bescheiden auftreten, den Idealismus ihrer Jugend noch nicht verloren haben, ihren ungeheuren Reichtum nicht zur Schau tragen, korrupte Machenschaften ablehnen und ihre Steuern bezahlen. Sie stehen für neuen Stolz, neuen Optimismus eines Landes, das in der Welt zu lange als ein Volk der Fakire und Schlangenbeschwörer eingeschätzt wurde. [...]

Als Reiche der ersten Generation schaffen sie ein neues Bild des Unternehmers, das bisher geprägt ist von den mit dem silbernen Löffel im Mund geborenen Monokapitalisten, Schwarzhändlern und Steuerschwindlern. Nur Ramalinga Raju fährt einen Mercedes [»um jeden Tag zu spüren, was ausgezeichnete Arbeit bedeutet«], den Diabetiker Murthy haben seine Freunde zum Kauf eines neuen Hosengürtels drängen müssen, und Azim Premji mit dem schlohweißen Haar denkt gar nicht daran, das vom Vater übernommene Geschäft mit Speiseölen und Seifen aufzugeben. [...]

»Der Kreativitätsvorsprung der Amerikaner wird kleiner«, sagt Ramalinga Raju von Satyam. »Früher haben wir die Bilder berühmter Meister abgekupfert, jetzt malen wir selbst, konkurrieren wir mit IBM und den anderen Großen in Amerika.« Gleichwohl wird Amerika, weil es den größten Markt hat, seine Führungsrolle noch lange behalten. [...] »Indiens Informationstechnik hat in den letzten fünf Jahren mehr Millionäre geschaffen als alle Industrien in den fünfzig Jahren davor«, sagt Premji. Er ist überzeugt davon, dass »dieses Millennium uns gehört, einer Industrie, die Indien zu einer Weltmarke gemacht hat«. Eine Industrie freilich, die von fortwährender Innovation abhängt, von Ideen. Und Ideen haben, wie Premji anfügt, bekanntlich eine begrenzte Lagerzeit.

Erhard Haubold

Ramalinga Raju

Azim Premji

Narayana Murthy

Indien gehört zu den Billiglohnländern – Arbeiter einer Teeplantage bei Darjeeling

Wirtschaftsethik

Unter der neuen Sicht müssen wir aufhören, nach dem zu trachten, was wir bekommen können; wir müssen es ablehnen, das zu nehmen, was nicht alle haben können.
Da fällt mir ein, dass es nicht schwierig sein dürfte, einen erfolgreichen Appell mit wirtschaftlichen Forderungen an die Massen zu richten, und wenn ein solches Experiment einigermaßen Erfolg hat, so muss es in einem gewaltigen Umfang unbewusste religiöse Wirkung erzielen. Ich glaube nicht, dass der Geist Gottes sein eigenes besonderes Feld hat, auf dem er wirksam ist. Er prägt sich im Gegenteil nur in dem aus, was wir für gewöhnlich im Leben tun und verrichten. So beeinflusst er auch das wirtschaftliche, soziale und politische Geschehen. *Mahatma Gandhi*

Der Mensch ist eine Maschine, deren Antriebskraft die Seele ist. Nicht gegen Bezahlung oder unter Druck vollbringt diese seltsame Maschine ihre größte Arbeitsleistung. Dies tut sie, wenn die Antriebskraft, d.h. Geist und Wille des Menschen zu ihrer höchsten Kraftentwicklung gebracht werden, durch ihren eigenen Betriebsstoff, nämlich durch Lust und Liebe. Die allgemein gültige Regel ist hier folgende: Unter der Annahme, dass Herr und Diener einigermaßen Energie und Verstand haben, wird doch die größte Arbeitsleistung, die sie erreichen können, nicht zustande gebracht, wenn sie sich gegenseitig bekämpfen, sondern wenn einer dem anderen wohlgeneigt ist. Uneigennützige Behandlung bringt höchsten Gewinn. Behandle deinen Diener freundlich und hege dabei die Absicht, aus seiner Dankbarkeit Kapital zu schlagen, so wirst du ernten, was du für deine Freundlichkeit verdienst, nämlich weder Dankbarkeit noch Geld. Behandle ihn freundlich ohne wirtschaftliches Zweckdenken, und alle wirtschaftlichen Zwecke werden erfüllt. Hier wie anderswo wird der sein Leben verlieren, der es behalten will, und wer es verliert, wird es finden. [...]
Zahle ich meinem Arbeiter den schuldigen Lohn, so komme ich nicht in die Lage, unnötigen Reichtum anzuhäufen, Geld für Luxusdinge zu verschwenden und die Armut in der Welt zu vergrößern. Wer von mir gerechten Lohn bezieht, wird auch wieder seinen Untergebenen Gerechtigkeit widerfahren lassen. So wird der Strom der Gerechtigkeit nicht austrocknen, sondern stärker werden in seinem weiteren Verlauf. Und das Volk mit solchem Gerechtigkeitssinn wird glücklich sein und bleiben. *Mahatma Gandhi*

Die grundlegende Idee [ist], dass die Erweiterung der menschlichen Freiheit sowohl Hauptziel als auch primäres Mittel von Entwicklung ist. Das Ziel der Entwicklung bezieht sich auf die Bewertung der tatsächlich von den betroffenen Menschen genossenen Grundrechte. Individuelle Verwirklichungschancen hängen unter anderem entscheidend von den wirtschaftlichen, sozialen und politischen Einrichtungen ab. Um geeignete Institutionen zu schaffen, müssen die instrumentellen Funktionen der unterschiedlichen

- *Wie beantwortet Gandhi die häufig diskutierte Frage, ob Wirtschaft und wirtschaftliches Handeln überhaupt etwas mit Moral zu tun haben?*
- *Vergleichen Sie diese Haltung gegenüber materiellen Zielen wie Reichtum usw. mit der des Christentums, des Islam und anderer Ihnen bekannter Religionen!*
- *Welches Ziel muss dann der Entwicklungspolitik eines hinduistisch orientierten Staates zukommen?*

Formen substantieller Freiheiten betrachtet werden, was über die grundlegende Bedeutung der Gesamtfreiheit der Individuen hinausgeht.
Die instrumentellen Funktionen der Freiheit umfassen mehrere unterschiedliche, aber miteinander verbundene Komponenten – etwa wirtschaftliche Einrichtungen, politische Freiheiten, soziale Chancen, Transparenzgarantien und soziale Sicherheit. Diese instrumentellen Rechte, Chancen und Berechtigungen sind eng miteinander verzahnt, und die Verzahnungen können in verschiedene Richtungen gehen. Der Entwicklungsprozess wird durch diese wechselseitigen Verbindungen wesentlich beeinflusst. Den vielen miteinander verknüpften Freiheiten entsprechend muss es die notwendige Autorität und Unterstützung für eine Vielzahl von Institutionen geben. Dazu zählen demokratische Systeme, Rechtsverfahren, Marktstrukturen, Bildungs- und Gesundheitssysteme, Medien und andere Kommunikationseinrichtungen usw. Zu den Institutionen können neben privaten Initiativen und öffentlichen Organen auch eher gemischte Einrichtungen wie Nichtregierungsorganisationen und Kooperationen gehören.
Die Ziele und Mittel von Entwicklung erfordern es, den Standpunkt der Freiheit in den Mittelpunkt zu rücken. In dieser Perspektive müssen wir die Menschen als aktive Subjekte ihres eigenen Schicksals behandeln und ihnen die entsprechenden Spielräume zubilligen, statt in ihnen passive Empfänger der Früchte ausgeklügelter Entwicklungsprogramme zu sehen. Staat und Gesellschaft kommt die große Verantwortung dafür zu, die menschlichen Verwirklichungschancen zu erweitern und zu schützen. Doch ihre Aufgabe ist es lediglich, die nötigen Hilfestellungen zu geben, nicht aber Fertiglösungen anzubieten. Die sich an der Freiheit orientierende Einschätzung der Zwecke und Mittel im Prozess der Entwicklung verdient sicherlich besondere Aufmerksamkeit. *Amartya Sen*

Letzte Bestimmung allen Reichtums müsste sein, so vielen Menschenkindern wie nur möglich zu Gesundheit, strahlenden Augen und glücklichen Herzen zu verhelfen. [...] Darum gibt es keinen Reichtum außer dem Leben. Dasjenige Land ist das reichste, welches die größte Zahl edler und glücklicher Menschenkinder nährt; derjenige Mensch ist am reichsten, der nach höchster Vervollkommnung seiner eigenen Fähigkeiten durch seine Persönlichkeit sowohl wie durch seinen Besitz den hilfreichsten Einfluss auf das Leben anderer ausübt. *Mahatma Gandhi*

Die Stellungnahme von Vandana Shiva zur Globalisierung

Der Fehlschlag der WTO*-Ministerkonferenz in Seattle (im Jahr 1999) war eine historische Wasserscheide in mehr als einer Hinsicht. Erstens hat er gezeigt, dass Globalisierung kein zwangsläufiges Phänomen ist, das um jeden Preis akzeptiert werden muss, sondern ein politisches Projekt, worauf politisch reagiert werden kann. [...]
Handelsminister aus Asien, Afrika, Lateinamerika und der Karibik reagierten politisch, als sie sich weigerten, einem »erfundenen« Konsens gemeinsame Unterstützung zu verschaffen, da sie von den Verhandlungen im »Grünen Raum« hinter verschlossenen Türen ausgeschlossen worden waren. So lange die Bedingungen von Transparenz, Offenheit und Teilnahme nicht sichergestellt seien, würden die Entwicklungsländer einem Konsens nicht zustimmen. Dies ist ein neuer Kontext, der es bei zukünftigen Verhandlungen schwierig machen wird, Entscheidungen aufzuzwingen. [...]
Die wahre Milleniumrunde für die WTO ist der Beginn einer neuen demokratischen Debatte über die Zukunft der Erde und über die Zukunft ihrer Menschen. Die zentralisierten, undemokratischen Regeln und Strukturen der WTO, die weltweite Konzernherrschaft – basierend auf Monopolen und Monokulturen – etablieren, müssen einer demokratischen Erde – geprägt durch Dezentralisierung und Vielfalt – weichen. Die Rechte aller Arten und die Rechte aller Menschen müssen den Vorrang haben vor dem Recht der Konzerne, grenzenlose Profite durch grenzenlose Zerstörung zu machen. Freier Handel führt nicht zu Freiheit. Er führt zu Sklaverei. Vielfältige Lebensformen werden durch die Patentierung des Lebens versklavt. Bauern werden durch die Abhängigkeit von der Hochtechnologie versklavt. Länder werden durch

* *Welthandelsorganisation*

Schulden und Abhängigkeit und Zerstörung ihrer einheimischen Wirtschaft versklavt. Wir wollen ein neues Jahrtausend, basierend auf wirtschaftlicher Demokratie statt wirtschaftlichem Totalitarismus. Die Zukunft für die Menschen und für andere Arten ist nur möglich, wenn die Prinzipien des Wettbewerbs, organisierte Habgier, Vermarktung des ganzen Lebens, Monokulturen, Monopole und zentralisierte weltweite Konzernkontrolle über unser tägliches Leben, die wie ein Heiligtum zur WTO gehören, ersetzt werden durch Prinzipien des Menschen- und Naturschutzes, die Verpflichtung, Vielfalt zu geben und zu teilen, durch die Dezentralisierung und Selbstorganisation, die wie ein Heiligtum in unsere vielfältigen Kulturen und nationalen Verfassungen gehören. [...]

In der Dritten Welt und in der industrialisierten Welt entstehen jetzt gemeinsame Grundsätze aus den Gewohnheiten der Menschen heraus, die eine sichere und gesunde Nahrungsmittelversorgung garantieren. Diese Grundsätze ermöglichen es uns, auf ein natur- und menschenorientiertes Ernährungssystem umzustellen.

1. Vielfalt statt Monokulturen, die höheren Ertrag pro Morgen garantieren.

2. Dezentralisierung und Lokalisierung anstelle von Zentralisierung und Globalisierung.

3. Ökologische anstelle industrieller Verarbeitungsweisen in der Landwirtschaft.

4. Recht auf Nahrung und Nahrungssicherheit als Basis für die Verteilung statt freier Handel.

5. Demokratische Kontrolle des Ernährungssystems statt Konzernkontrolle.

6. Patent-freie und Gentechnik-freie Landwirtschaft, um die Achtung und den Schutz aller Arten und die Einheit von Ökosystemen und Kulturen zu gewährleisten.

7. Kulturelle Vielfalt anstelle der weltweiten Fast-Food-Monokultur und der industriellen Lebensmittelketten.

8. Kleine Landwirtschaften und kleine Landwirte anstelle landwirtschaftlicher Großproduktion und Abwesenheit der Grundbesitzer. Dies beinhaltet den Schutz existierender Kleinbauernhöfe und Landreformen zur Neuverteilung des Bodens.

9. Fairer Handel, nicht freier Handel, um Landwirten und Produzenten ein faires Einkommen zu sichern. Handel als Mittel statt als Zweck, der den weltweiten Handel ökologischer Nachhaltigkeit, Gesundheit und sozialer Gerechtigkeit unterwirft.

Entgegen aller Vorhersagen haben Millionen von Menschen überall auf der Welt begonnen, diese Grundsätze in die Praxis umzusetzen. Die Herausforderung nach Seattle ist, die weltweiten Handelsregeln und die nationale Nahrung und die Agrarpolitik zu ändern, so dass diese Praktiken gefördert und verbreitet werden können und ökologische Landwirtschaft, die kleine Landwirtschaften und bäuerliche Lebensweisen schützt, nicht marginalisiert und kriminalisiert wird. Die Zeit ist gekommen, die gestohlene Ernte zurückzufordern und das Wachsen und Hervorbringen von guter Nahrung als höchste Gabe und als größte revolutionäre Tat zu feiern.

Übersetzung: Barbara Kleine

Patentierung des Lebens

Nobelpreisträgerin Vandana Shiva in einem Interview aus dem Jahr 1998 über Konzerne, die Patente auf biologische Arten anmelden und die Interessen der Bauern verletzen.

Vandana Shiva: Die zentrale Frage ist, welchen Status das Wissen der indigenen Völker bekommt. Bauern und Frauen sind Innovatoren, was das Saatgut angeht. Indigene Stämme haben herausgefunden, welche Pflanzen heilend wirken. Jetzt wollen große Firmen aus den Industrieländern dieses Wissen vereinnahmen und vermarkten. Die Konvention von 1992 schreibt ja vor, dass das Wissen von indigenen Völkern geschützt werden soll. Das ist bisher aber fast nicht konkretisiert worden. Und es widerspricht dem Welthandelsabkommen WTO, das traditionelles Wissen nicht schützt und statt dessen ein Urheberrecht im Sinne der großen Firmen festschreibt. Das muss revidiert werden.

Frage: Wie funktioniert diese Vereinnahmung des traditionellen Wissens?

Die Ausbeutung soll durchgesetzt werden mit Patenten. Ressourcen, die bisher für alle kostenlos zugänglich waren, beanspruchen jetzt zunehmend Konzerne aus den Industrieländern für sich. Diese Monopolisten wollen abkassieren, sobald wir eine Saat oder eine Medizin benutzen. Diese Biopiraterie ist eine Epide-

Dr. Vandana Shiva ist Gründerin der Forschungseinrichtung für Wissenschaft und Ökologie in Dehra Dun (Indien) und erhielt 1993 für ihr Engagement den Alternativen Nobelpreis. Sie machte sich einen Namen als Kritikerin westlichen Fortschrittsglaubens.

❖ *In unserer »Ersten« Welt wird häufig der freie Handel, der unreglementierte Markt als den Wohlstand aller fördernd angesehen – Vandana Shiva meint, er führe in die Sklaverei: Wem würden Sie zustimmen?*

❖ *Sind die natur- und menschenorientierten Grundsätze, die sie auch auf dem Hintergrund ihrer hinduistischen Kultur beschreibt, auch für uns tragfähig?*

❖ Wie sehen Sie das Verhältnis von Naturressourcen und Patentrecht, das letztlich das geistige Eigentum der forschenden Menschen und Firmen schützen und ihnen das Recht auf Nutzung ihrer Ideen sichern soll?

mie dieses Jahrzehnts. Alle Patente auf Leben stammen aus den vergangenen acht Jahren, die meisten sogar erst aus den letzten fünf Jahren. Zwar werden nicht alle Patente gegenwärtig genutzt. Aber langfristig ist das möglich.

Frage: Gibt es konkrete Beispiele?

Die Patentierung von Basmatireis durch die texanische Firma Rice Tec ist ein aktuelles Beispiel. Der Konzern hat hier Saatgut gekauft und es mit anderen Reissorten gekreuzt. Rausgekommen ist eine Sorte, die genauso schmeckt und aussieht wie Basmati. Dennoch hat die Firma ein Patent für eine »neue Reissorte« angemeldet und in den USA auch bekommen. Das Patent bezieht sich sogar auf alle Sorten, die so ähnlich sind – also auch auf den indischen Basmatireis. Die USA üben zur Zeit massiven Druck auf die indische Regierung aus, damit sie alle US-Patente anerkennt. Wenn das passieren würde, müssten die indischen Bauern, die Basmati anpflanzen, Lizenzgebühren an Rice Tec zahlen. Anfang April gab es hier Massendemonstrationen, die den USA vorwarfen, dass sie Produktpiraterie schützen. Die Regierung vertritt inzwischen auch diese Position. Aber der Druck aus den USA ist enorm groß. Wir wollen deshalb erreichen, dass die verfeindeten Regierungen in Pakistan und Indien an diesem Punkt zusammenarbeiten, denn Basmati stammt aus Pakistan und Indien. Wenn das Basmati-Patent hier zum Friedensstifter würde, wäre das ein hervorragender Nebeneffekt. [...] Die Position vieler regierungsunabhängigen Organisationen ist, dass die Bauern der sogenannten Dritten Welt an der »Inwertsetzung« der genetischen Ressourcen beteiligt werden müssen. [...] Zunächst muss auf jeden Fall sichergestellt sein, dass die Leute weiter kostenlosen Zugang zu den genetischen Ressourcen haben, die seit Jahrhunderten in ihrem Wald oder Hinterhof wachsen. Natürlich ist eine wirtschaftliche Nutzung denkbar – kleine Pharmafirmen stellen in Indien seit langem Medizin her aus Pflanzen und verkaufen sie auch. Aber da geht es um einen lokalen Markt und nicht um die weltweite Monopolisierung. [...] Im letzten Jahr haben sich 600 indische Bauern das Leben genommen, weil sie auf internationales Saatgut umgestiegen waren und die Ernte die Schulden nicht decken konnte. [...] Wir hoffen, eine dauerhafte Arbeitsgruppe auf UN-Ebene durchzusetzen, die sich mit dem Widerspruch von WTO-Vereinbarung und der Konvention von Rio auseinander setzt. Die Struktur der WTO ist so angelegt, die Lebensgrundlagen der Menschheit zu zerstören. Und sie stellt eine große Gefahr für die Demokratie dar, weil immer weniger Menschen ihr Leben frei bestimmen können.

Alkohol und Rauschgift

Den unglücklichen Menschen, die Sklaven ihrer Gewohnheit geworden sind, muss man gegen ihren eigenen Willen helfen. Einige von ihnen verlangen sogar danach, dass ihnen geholfen wird. Man darf sich nicht durch das Scheinargument täuschen lassen, dass Indien nicht durch Zwang zur Enthaltsamkeit gebracht werden dürfe und dass denen, die trinken wollten, Erleichterungen gewährt werden müssten. Der Staat darf nicht auch noch die Laster seiner Menschen pflegen. Wir leiten und genehmigen auch nicht die übelbeleumdeten Häuser. Wir schaffen keine Erleichterungen für Diebe, damit sie ihrem Hang zum Stehlen frönen können. Ich halte das Trinken für verdammenswerter als das Stehlen, vielleicht für schlimmer noch als die Prostitution. Ist es nicht oft die Ursache für beides? Ich fordere euch auf, den Staat [...] bei der Abschaffung des Alkoholgenusses zu unterstützen.

Alkohol und Rauschgifte erniedrigen alle, die ihnen verfallen sind, und diejenigen, die damit handeln. Der Trinker missachtet die Würde von Frau, Mutter und Schwester und gibt sich Verbrechen hin, deren er sich in nüchternem Zustand schämen muss.

Mahatma Gandhi

Einstellung zur Natur

Die Lehre Yajnavalkyas [...] sagt nichts über die Tiere, während in späteren Texten derselben Upanisad [...] die Wiedergeburt als Tier erwähnt wird. Diese Vorstellung dürfte von den Lehren der Eingeborenen übernommen sein.[...] Die arischen Einwanderer lernten durch ihren Handel mit den Eingeborenen Indiens die Lehre kennen, dass auch die Tiere und die Pflanzen eine Seele besitzen und dass die menschliche Seele zuweilen in ihnen

Wohnung nimmt. Die Heiligkeit alles Lebens und die Gemeinsamkeit des Ursprungs von Blume, Insekt, Tier und Mensch sind die Grundgedanken der Upanisaden. [...] Darin liegt auch ein nicht unbedeutender praktischer Wert und die in den Asrama (Wohngemeinschaften) der Wälder den Tieren erwiesene Liebe begünstigte die Lehre noch.

Sarvepalli Radhakrishnan

Einssein mit der Natur

Der Tag bricht im Osten auf wie eine Knospe, die ihre Hülle durchbricht, um sich als Blüte zu entfalten. Doch wenn dies nur ein Ereignis der Außenwelt wäre, wie könnten wir dann Zugang dazu haben? Es ist ein Sonnenaufgang am Himmel unsres Bewusstseins, es ist eine neu erblühte Schöpfung in unserm Leben.
Öffne deine Augen und sieh! Fühle diese Welt, wie eine lebendige Flöte den Hauch der Musik empfinden würde, der durch sie hingeht, fühle den Gruß der schöpferischen Freude in der Tiefe deines Bewusstseins. Tritt diesem Morgenlicht entgegen in der Erhabenheit deines Daseins, wo du eines Wesens mit ihm bist. Aber wenn du mit abgewandtem Gesicht dasitzest, dann errichtest du eine trennende Schranke in dem ungeteilten Reich der Schöpfung, wo das schöpferische Bewusstsein mit den äußeren Vorgängen sich begegnet. [...]
Wir beurteilen die Natur nur von außen, wenn wir sie in unserem Geiste von der menschlichen Natur trennen und sie wegen ihrer Mitleidslosigkeit und Ungerechtigkeit tadeln. [...] Wenn wir die Natur nur von der Seite der Schranken und Hemmungen betrachten, so erscheint sie uns als der Idee der Sittlichkeit feindlich. Aber wenn dies schlechthin wahr wäre, so könnte überhaupt kein sittliches Leben entstehen. Das Leben, sowohl das sittliche wie das physische, ist nicht eine fertige Tatsache, sondern ein beständiges Werden, und seine Entwicklung hängt von zwei entgegengesetzten Kräften ab, von der Kraft des Widerstandes und der des Ausdrucks. Wir kommen nicht weiter, wenn wir diese Kräfte in zwei einander entgegengesetzte Prinzipien teilen, denn die Wahrheit besteht nicht im Gegensatz, sondern in seiner beständigen Aussöhnung.

Rabindranath Tagore

Ein Gebet
Ich verneige mich vor Gott, der im Feuer, in den Pflanzen (und) in den Bäumen (existiert), (der) das ganze Universum durchdringt.

Shvetashvatara-upanishad III, 17

❖ *In welchem Verhältnis stehen die Natur des Menschen und seine Sittlichkeit im Hinduismus? Bestimmen Sie dieses Verhältnis außer an dem des Alkohols auch an weiteren Beispielen.*

❖ *Vergleichen Sie diese Haltung mit der meist dualistischen Grundhaltung der abendländischen religiösen und philosophischen Traditionen, die Ihnen bekannt sind.*

Junge Männer engagieren sich für den Umweltschutz: in dieser kleinen Fabrik wird umweltfreundlich Papier hergestellt.

Es ist der nationale und kommerzielle Egoismus, der der böse Vorbote des Krieges ist. Durch die verschiedenen Verbindungen, die er eingeht, wechselt er wohl Gestalt und Umfang, aber nicht seine Statur. Dieser Egoismus wird noch immer heilig gehalten, zu einer Religion gemacht, und eine solche Religion wird durch einen bloßen Wechsel des Tempels und durch neue Priesterkollegien niemals die Menschheit erlösen. Wir müssen uns darüber klar sein: Wie durch Wissenschaft und Handel die Verwirklichung der Einheit der materiellen Welt uns Macht verleiht, so kann uns die Verwirklichung der großen geistigen Einheit des Menschen allein den Frieden geben.
Rabindranath Tagore

❖ *Welche Einstellung zum Krieg hält der Hinduismus für gut?*
❖ *Gibt es danach die Möglichkeit eines heiligen, eines gerechten Krieges, den andere große Religionen unter bestimmten Bedingungen durchaus für begründet halten?*

Einstellung zum Krieg

Wenn dies unbegrenzt weitergeht, wenn die Kriegsrüstungen immer weiter bis ins Fantastische und Sinnlose gesteigert werden, wenn Maschinen und Lagerhäuser mit ihrem Rauch und Schmutz und mit all ihrer Scheusslichkeit diese schöne Erde einhüllen, so wird sie in einem Weltbrand ein selbstmörderisches Ende nehmen. Daher muss der Mensch die ganze Kraft seiner Liebe und seines schauenden Geistes anstrengen, um eine neue sittliche Ordnung aufzurichten, die die ganze Menschheit umfasst und nicht nur einzelne Nationen, die immer nur einen Bruchteil ausmachen. Der Ruf ergeht heute an jeden Einzelnen, sich und seine Umgebung vorzubereiten für die Morgendämmerung einer neuen Weltperiode, wo der Mensch in der geistigen Einheit aller menschlichen Wesen seine Seele entdecken wird. *Rabindranath Tagore*

Obwohl der Hinduismus im Allgemeinen im Krieg sinnlose Zerstörung sieht, kennt er ihn auch als Instrument zur Beseitigung von Ungerechtigkeit und zur Befestigung von Rechtschaffenheit. Es sollen jedoch nur die Angehörigen der Kshatriyakaste, die für den Schutz des Volkes und die Aufrechterhaltung der Ordnung zuständig sind, zu den Waffen greifen. Gott Krishna erinnerte seinen Schüler Arjuna aus der Kshatriyakaste an diese Pflicht, als dieser aus Liebe zu seinen Verwandten und Freunden nicht kämpfen wollte. Der Krieger darf jedoch nur aus Pflichtgefühl an einem Krieg teilnehmen, nicht aus Gewinnsucht (Bhagavadgita II, 31–38).

Soziale Gerechtigkeit

Klassenkampf ist dem indischen Volkscharakter fremd, welcher wohl in der Lage ist, den Kommunismus auf der Basis der menschlichen Grundrechte und gleicher Gerechtigkeit für alle zu entwickeln. Der Gottesstaat [Ramarajya] meiner Vorstellung sichert dem Fürsten wie dem Bettler seine Rechte. Sie können versichert sein, dass ich meinen ganzen Einfluss geltend machen werde, um den Klassenkampf zu verhindern.
Sozialismus und Kommunismus des Westens beruhen auf Vorstellungen, die grundverschieden von den unsrigen sind. Eine dieser Vorstellungen ist die grundsätzliche Annahme, dass der Mensch von Natur selbstsüchtig sei. Ich schwöre nicht darauf, denn ich weiß, dass der wesentliche Unterschied zwischen dem Menschen und dem wilden Tier darin besteht, dass der Mensch fähig ist, dem Ruf des Geistes zu folgen und sich über die Leidenschaften zu erheben, die ihm wie dem Tiere eigen sind, und somit über seine Selbstsucht und Gewalttätigkeit Herr werden kann, die zu seinem animalischen Wesen gehören und nicht Teil seines unsterblichen Geistes sind. Das ist die grundlegende Auffassung des Hinduismus, den Jahre der Buße und der Entbehrung zur Entdeckung dieser Wahrheit geführt haben. Dazu haben wir Heilige gehabt, die ihre Körper kasteiten und ihr Leben hingaben, um die Geheimnisse der Seele zu ergründen. Unser Sozialismus und Kommunismus sollte deshalb auf Gewaltlosigkeit und harmonischer Zusammenarbeit zwischen Arbeiter und Kapitalist, Grundbesitzer und Pächter beruhen. *Mahatma Gandhi*

Das Prinzip der Liebe, welches Sarvodaya (Wohlfahrt für alle) zugrunde liegt, verlangt, dass der Boden als Produktionsmittel dem nicht vorenthalten werden darf, der ihn bearbeitet. Dem Bauern das Land verweigern bedeutet, ihm seine Lebensmöglichkeit zu verweigern, ihn so in einen Zustand der Hilflosigkeit zu versetzen und ihn zum Opfer von Ausbeutung und Sklaverei werden zu lassen. Aber wie kann man Land für die Landlosen beschaffen, ohne den Gutsbesitzer zu liquidieren, der als Parasit von der Arbeit besitzloser Landarbeiter lebt? Dies war das Problem, welches Acharya Vinoba Bhave, seit 1916 enger Mitarbeiter und Schüler Gandhis, im April 1951, also in einer von Gewalt geplagten und kommunistischen Zeit Indiens, in Angriff nahm. Seine Lösung stand ganz im Einklang mit Gandhis Lehre. Er appellierte an das Edle in der Seele des Gutsbesitzers und erreichte freie Landschenkungen. […] Dies ist eine unblutige Revolution, die in der Weltgeschichte nicht ihresgleichen hat, womit ein Schritt auf Sarvodaya oder die ideale Gesellschaftsordnung hin zurückgelegt wurde. […] Vinoba gibt sich mit Land- und Vermögensspenden nicht zufrieden und hat kürzlich auch eine Arbeitsspende [Shramadan] vorgeschlagen, wodurch er alle, und nicht nur die Land- und Vermögensbesitzer, also selbst jene, die nur ihre Arbeit beisteuern können, an der Dienst- und Opferbewegung zugunsten der weniger Bevorzugten teilnehmen lassen will. [...] Neben dieser praktischen Arbeit haben Vinoba und einige andere enge Mitarbeiter Gandhis dessen Gedanken über Sarvodaya ein wenig weiter entwickelt, besonders im Hinblick auf die wirtschaftliche Gleichheit, die körperliche Arbeit und die Planung. *Bharatan Kumarappa*

Neben tradierten spirituellen Führungsrollen übernehmen Frauen immer stärker auch politische Verantwortung.

Missionierung in Indien

Ihr schult, kleidet und bezahlt Männer, um in mein Vaterland zu kommen und alle meine Vorfahren, meine Religion, mein Ein und Alles zu beschimpfen und zu verfluchen. Diese Leute gehen an einem Tempel vorbei und sagen: »Ihr Götzendiener, ihr werdet zur Hölle fahren.« Aber der Hindu ist sanft; er lächelt, geht vorbei und sagt zu sich: »Lasst die Narren reden.« Aber ihr, die ihr Menschen ausbildet, um zu beschimpfen und zu kritisieren, ihr zuckt zusammen, wenn ich nur die geringste wohlmeinende Kritik an euch vorbringe, und schreit: »Rührt uns nicht an! Wir sind Amerikaner; wir kritisieren, verfluchen und beschimpfen alle Heiden der Welt; aber tasten Sie uns nicht an, wir sind empfindsame Pflanzen.« *Swami Vivekananda*

Die Rolle der Frau im Hinduismus

Die Frau als Gesellschaftsmitglied

Dann wiederum, Verwandte, welche das persönliche Eigentum einer Frau beanspruchen, sei es ein Wagen, sei es die Kleidung etc., sind die Bösen und gehen zur Hölle (gemeint ist, dass der Verstorbene sich in einem qualvollen Ort aufhalten wird, bevor er wieder einmal in dieser Welt als ein Mensch oder im Himmel als ein Gott geboren wird) (52). Der Vater, Bruder, Ehemann und Schwager, die sich selbst gutes Karma wünschen, sollen die Frauen (der Familie) verehren und schmücken (55), denn die Götter erfreuen sich der Orte, wo Frauen verehrt werden. Dort, wo die Frauen nicht verehrt werden, wird der Vollzug der Riten keine Früchte tragen (56).

Manu-smriti III, 52 und 55–56

Die Ehemänner müssen über ihre Frauen Tag und Nacht Autorität üben und Frauen, welche die Sinnlichkeit begehren, kontrollieren (2). Der Vater führt sie in ihrer Kindheit, der Ehemann in ihrer Jugend und der Sohn führt sie im Alter. Eine Frau ist nicht für die Unabhängigkeit geeignet (3). *Manu-smriti IX, 2–3*

Die Frau als die Göttin
Siehe unter II. Nähere Betrachtung, Devi – die Göttin

Braucht eine moderne Gesellschaft Religion?

Die Frage ist: Durch welches Prinzip gelangt mein Wesen zu seinem vollsten Wert, durch das Prinzip der Macht oder durch das der Liebe? Wenn wir die Macht als unsre eigentliche Wahrheit ansehen, so müssen wir auch den Kampf als unvermeidlich und ewig anerkennen. Viele moderne europäische Schriftsteller behaupten, die Religion des Friedens und der Liebe sei nur eine unsichere Rüstung, in der die Schwachen Schutz suchen, aber die von den Naturgesetzen nur wenig respektiert werde. Das, was furchtsame Religionsprediger als Gottlosigkeit verdammten, das allein sei der sichere Weg zum Erfolg. Dies wird von der anderen Schule nicht ganz geleugnet. Sie gibt diese Behauptungen als Prämissen zu, allein sie sagt: [...]

»Durch Gottlosigkeit gedeihen sie, durch sie erlangen sie, was sie begehren, durch sie besiegen sie ihre Feinde – aber sie verdorren an der Wurzel.« *Rabindranath Tagore*

❖ *Wie kann eine Gesellschaft sittliche Orientierung und eine moralisch gerechtfertigte Ordnung gewinnen?*

IV. Wiederbelebung des Hinduismus

Indien wurde wiederholt von Arabern, Afghanen und Türken überfallen. Obwohl die Herrschaft des Islams auf einige Landstriche in Nordindien beschränkt blieb, hatte die Okkupation Auswirkungen auf den Hinduismus insgesamt. Die Hindus galten als Ungläubige (Kafir) und sollten daher bekehrt oder bekämpft werden. Der erste nennenswerte Angriff war der von Muhammad aus Ghur im Jahre 1175. Die islamische Herrschaft endete 1757, als die englische East India Company den König Siraj-ud-daulah besiegte. Anders als die Muslime zeigten die Christen Interesse an der indischen Kultur und gaben den Hindus ihre religiöse Freiheit zurück. Aus diesem Grund betrachteten die Hindus die Engländer als Befreier. Die große Freude und die Dankbarkeit der Hindus sind in vielen Schriften festgehalten. Während der britischen Herrschaft gab es eine rege Erforschung des Hinduismus, an der sowohl Inder als auch Europäer teilnahmen. Auch die christlichen Missionare aus England leisteten indirekt ihren Beitrag zur Wiederbelebung des Hinduismus, indem sie Sanskrit, die Sprache der heiligen Texte der Hindus, studierten. Als Ergebnis erlebte der Hinduismus im 19. und 20. Jahrhundert eine Renaissance, die noch den gegenwärtigen Hinduismus prägt. Diese Ausformung des Hinduismus wird in Deutschland fälschlicherweise Neo-Hinduismus genannt. Die Hindus selbst bezeichnen sie mit dem Sanskritwort »punarjanma« (Renaissance). »Neo« bedeutet in diesem Zusammenhang, dass der Hinduismus Einiges vom europäischen Kulturgut aufgenommen hat. Das aber ist weder neu noch ungewöhnlich. Seit der upanishadischen Zeit lehnt der Hinduismus Dogmatismus ab und integriert neue Ideen, ohne seine Identität zu verlieren. Die Frage ist lediglich, wie weit der Hinduismus sich öffnen muss, um in der modernen Gesellschaft ohne Identitätsverlust praktikabel zu sein.

Ramakrishna (1836–1886)

Wahrhaftigkeit aller Religionen

Ramakrishna lebte zu einer Zeit, als Indien eine britische Kolonie war. Dadurch, dass das Land mit Europa in Berührung kam, lernte Indien nach einer langen Pause, die mit der Invasion der Afghanen und Türken im 12. Jahrhundert anfing und mit dem Sieg der East India Company 1757 über Nawab Siraj-ud-daulah endete, seine eigene Kultur kritisch zu betrachten. Dies führte zu verschiedenen Reformbewegungen, die den Hinduismus reinigten, aber auch die Hindus in verschiedene Lager aufteilten. Hinzu kam, dass, da die christlichen Missionare die Funktionen der hinduistischen Götter missverstanden und daher den Hinduismus als »Götzendienst« bezeichneten, die Mehrheit der Hindus Skepsis gegenüber dem Christentum hegte. Ramakrishnas Leistung bestand in der Bewusstmachung der Wahrhaftigkeit aller Religionen.

Der Priester der Göttin Kali

In Dakschinesvar* begann nun ein entscheidender Lebensabschnitt Ramakrischnas. Er war zwanzig Jahre alt und nun Priester geworden. […] Er ließ sich durch die Stimmung des Kalitempels allmählich ergreifen, schließlich ganz und gar gefangen nehmen. Die Göttliche Mutter schien ihm gegenwärtig zu sein. […] Während sie für die Unwissenden nur die Göttin der Zerstörung bedeutete, fand Ramakrischna in ihr die unvergleichliche Süße der mütterlichen Liebe. In seinen Augen wurde sie das höchste Sinnbild der Naturkräfte, die wahre Vereinigung der Widersprüche, die höchste Gottheit in weiblicher Erscheinung. Sie verkörperte die einzige Wirklichkeit, die Welt erschien ihm nicht mehr als ungreifbares Schattenbild. Seine ganze Seele versank in der Anbetung der Göttin Kali. […] Indem der junge Priester die Pflichten seines Amtes erfüllte und die Mantras nach den

** gemeint ist der Tempel von der Göttin Kali, der als der Haupttempel im Tempelkomplex Dakshineswar integriert war; die übliche Schreibweise: Dakshineswar*

Regeln der Heiligen Schriften wiederholte, enthüllte sich ihm bald genug der geheime Sinn der religiösen Bräuche. [...]

Experiment mit dem Tantrismus

Eine Brahmanin [...] erschien eines Tages in Dakschinesvar. Sie stammte aus Bengalen und war eine Eingeweihte der tantrischen und vischnuitischen Anbetungsweisen. Sie war etwa fünfzig Jahre alt, noch schön, im orangenfarbenen Gewande des Sannyasin [Asketen]. Sie besaß nichts als zwei Kleider und einige Bücher. [...] (Der) junge Priester (fing) unter Anleitung der Brahmanin (an), die verschiedenen Übungen auszuführen, die in den [...] Hauptbüchern der Tantras enthalten sind. [...] Ramakrischna brauchte kaum drei Tage, um in jeder der tantrischen Übungsaufgaben das bestimmte Ziel zu erreichen. Nach Vollzug der einleitenden Riten wurde er von göttlicher Glut ergriffen, die ihn in den Samadhi (die höchste Stufe der Meditation) versetzte. Für ihn gab es kein Übel mehr. [...] Er sah in der Welt nur offenbarte Macht und Schönheit der Göttlichen Mutter. Alles war durchdrungen von Bewusstsein und Glückseligkeit. [...]

Experiment mit dem Advaita-vedanta

Zu Ende des Jahres 1864 kam Totapuri in den Tempelgarten von Dakschinesvar. [...] Da er seit frühester Jugend in den Anschauungen des Advaita Vedanta* erzogen war, sah er in der Welt nur eine einzige Täuschung. Die zahlreichen Götter und Göttinnen des dualistischen Gottesdienstes erschienen ihm einfach als Wahngebilde irregeleiteter Geister. Fromme Feiern, Bräuche, Gebete, alle wahrnehmbaren Gegenstände der Erscheinungswelt ließen ihn völlig gleichgültig, er hatte endlich seine Einheit mit dem Absoluten erreicht. [...] (Totapuri) entdeckte sehr bald, dass Ramakrischna bereit war, ein Schüler des Vedanta zu werden. [...]
In den frühesten Morgenstunden des gewählten Tages wurde im Pantschavati (eine abgelegene Ecke im Tempelkomplex, wo fünf Bäume standen) ein Feuer entzündet, vor welchem die beiden so verschiedenartigen Männer Platz nahmen. Darauf entsagte Ramakrischna feierlich jeder Bindung an seine Familie, seine Freunde, sein eigenes Selbst. [...]
Nun begann die Lehre: der Meister unterrichtete den Schüler über die großen Wahrheiten des Vedanta. [...] man (muss sich von der Erscheinungswelt) befreien und sein wahres Wesen entdecken, nämlich das Einssein mit dem Brahman. [...] Ramakrischna gehorchte (und erzielte die Nirvikalpa-Samadhi, den Zustand des Einsseins mit dem Brahman). [...]

Ramakrishna

Experiment mit dem Islam

Als Ramkrischna eines Tages einen Muselman, Govinda Rai, traf und sah, wie er im Gebet versunken war, fand Ramakrishna, dass dieser Mensch wahrhaft durch die Gegenwart Gottes erleuchtet war und auch er Gott gefunden habe. Er bat ihn um Einweihung in die Lehre. Nun durchlebte er diese neue Art des Frommseins in all ihrer Fülle, so wie er jede hatte durchleben können. Während eini-

** siehe II. Nähere Betrachtung, 6. Der Advaita-vedanta von Shankara, S. 26–30*

Swami Vivekananda

ger Zeit wiederholte er fortwährend den Namen Allah, er kleidete sich mohammedanisch und übte die geistige Zucht des Islam. Er vergaß die Götter und Göttinnen der Hindus, sogar Kali, und hörte auf, ihren Tempel zu besuchen. Nach drei Tagen zeigte sich ihm in einer Vision das strahlende Antlitz Mohammeds.

Experiment mit dem Christentum

Als er eines Tages im Zimmer Dschadu Malliks in Dakschinesvar saß, fiel sein Blick auf ein Bild der Heiligen Jungfrau mit dem Jesuskind. Eine göttliche Erregung kam über ihn. Die Gestalten, die er betrachtete, belebten sich. Lichtstrahlen gingen von ihren Gesichtern aus und drangen in sein Herz. Diese Vision war weit stärker als die muselmanische. [...] So eindrucksvoll war sie, dass er überwältigt ausrief: Mutter, was tust du mit mir? Und jede Schranke des Glaubens oder der Religion durchbrechend, verfiel er in einen neuen Zustand der Verzückung. Christus nahm seine Seele ein. Mehrere Tage lang konnte er den Kalitempel nicht betreten. [...] So konnte er dann die berühmten Worte aussprechen: [...] Ich habe alle Religionsbräuche geübt: den Hinduismus, den Islam, das Christentum, und ich bin auch die Wege der verschiedenen Sekten des Hinduismus gegangen, und ich habe gefunden, dass es derselbe Gott ist, zu dem sie alle streben, wenn auch auf verschiedenen Wegen. *Solange Lemaître*

Swami Vivekananda (1863–1902)

Reformation des Hinduismus

Narendra Natha Datta, der spätere Swami Vivekananda, wurde als Sohn eines erfolgreichen Anwaltes in Kalkutta geboren. Zunächst war er ein Mitglied des Brahmasamaj. Während seines Studiums der Philosophie lernte er seinen späteren Guru Ramakrishna kennen. Vivekananda integrierte Werte anderer Religionen in den Hinduismus, ohne dabei dessen Charakter zu verändern. Dadurch fand er im Gegensatz zu anderen Reformbewegungen eine dem indischen Wesen gemäße Lösung, die anhaltende Wirkung hat.

Integration der christlichen Nächstenliebe in den Hinduismus

Im Juli 1890 verlässt Vivekananda den Baranagore-Math (das Kloster Baranagore), zunächst in der Absicht, sich in die Berge des Himalaya zurückzuziehen, um dort in der Einsamkeit zu meditieren und die Erkenntnis des Brahman, die Gottesrealisierung, anzustreben. [...] Während dieser Wanderung zeichnet sich ein einschneidender Wandel im Selbst- und Weltverständnis Vivekanandas ab: das auf die eigene Gottesrealisierung gerichtete Streben weitet sich zu dem Bemühen, die Not der anderen zu lindern. Dass er den praktizierten Hinduismus des dörflichen Indien kennenlernt und mit dem Elend der indischen Bevölkerung, mit ihrem Mangel sowohl an Bildung als auch an elementaren Lebensgütern wie Kleidung und Nahrung unmittelbar konfrontiert wird, mag diesen Wandel mit beeinflusst haben. [...] Am 5. 1. 1890 betont er allgemein den Vorrang der »Moral« gegenüber der »Religion« und den »religiösen Theorien«. – Im Februar gibt er zu erkennen, dass er sich mit Buddha befasst habe und von ihm fasziniert sei: »Seine Größe lag in seinem beispiellosen Mitleiden [sympathy].« [...] In den undatierten »Notizen, niedergeschrieben in Madras, 1892–93« finden sich sodann die Sätze: »Das Christentum lehrt, dass wir unsere Mitmenschen so lieben sollen, wie wir wünschen, dass sie uns lieben ... Der Advaita Vedanta lehrt: Liebe einen jeden als Dein Selbst [as your own Self] und nicht als Deinen Bruder wie im Christentum. Bruderschaft sollte von universaler Selbstheit [Selfhood] abgelöst werden. Unser Motto lautet nicht universale Bruderschaft, sondern universale Selbstheit.« Der fehlende Zusammenhang erschwert eine Deutung. Erkennbar ist jedoch, dass Vivekananda das Gebot der Nächstenliebe, losgelöst vom Gebot der Gottesliebe, als eine Variante der Goldenen Regel wahrnimmt und dass er dieses sodann unter Berufung auf den Advaita Vedanta zu überbieten sucht. [...] Offensichtlich entsprach die Praxis der uneingeschränkten – in diesem Fall Kastengrenzen überschreitenden –, aktiven, liebenden Hinwendung zum Mitmenschen, wie sie Vivekananda im christlichen Gebot der Nächstenliebe und in der karitativen Tätigkeit christlicher Mission in Indien entgegentrat, seinem Anliegen angesichts der Erfahrung der Not der indischen Bevölkerung. [...] Als er am Ende seiner Wanderung am Cape Comorin, der Südspitze Indiens, angelangt war, so erinnert er sich später, sei ihm, das Elend der indischen Massen vor Augen, ein Plan in den Sinn gekommen: »Wir sind so viele Samnyasins, die umherziehen und die Leute in der Metaphysik unterweisen – das ist alles Narrheit [madness]. Pflegte nicht unser Gurudeva [Ramakrishna] zu sagen: ›Ein leerer Magen taugt nicht für Religion‹? Dass diese armen Leute wie die Tiere leben, liegt ganz einfach an ihrer Unwissenheit. Jahrhunderte hindurch haben wir ihr Blut gesaugt und sie mit Füßen getreten ... Angenommen, ein paar selbstlose Samnyasins gehen, geneigt, anderen Gutes zu tun, von Dorf zu Dorf, verbreiten Bildung und suchen ... die Lebensbedingungen aller bis hinunter zum Chandala [Unberührbaren] zu bessern ..., kann dies nicht mit der Zeit Gutes bewirken?« [...] Während Vivekananda (in den USA) in seinen Vorträgen die Spiritualität und Kultur Indiens preist, findet sich in seinen Briefen eine vernichtende Anklage der bestehenden Hindugesellschaft. So schreibt er am 19. 3. 1894: »[...] Ist unsere Religion diesen Namen wert? Die unserige ist bloß Don't touchism, nur: Berühr mich nicht! Berühr mich nicht! [...] ein Land, in dem Millionen von Menschen von den Blüten der Mohna-Pflanze leben und ein oder zwei Millionen Sadhus sowie hundert Millionen Brahmanen das Blut von diesen armen Leuten aussaugen, ohne auch nur die geringste Anstrengung, deren Los zu bessern, ist das ein Land oder eine Hölle? Ist das eine Religion oder der Teufelstanz?«

Amerika hält er seinen Freunden als Gegenbild vor Augen. Er bezeichnet es als »ein Paradies für Arme und Frauen«, bewohnt von »Kindern der Freiheit, Selbsthilfe und brüderlichen Liebe«, wo die Massen zivilisiert sind. [...] »Wenn jemand in unserem Land in einer niedrigen Kaste geboren wird, ist er für immer verloren, es gibt keine Hoffnung für ihn. Warum? Welch eine Tyrannei! In diesem Land [Amerika] gibt es Hoffnung für jedermann. Heute ist er arm, morgen wird er reich und gebildet und angesehen. Hier ist jeder darauf bedacht, den Armen zu helfen. In Indien gibt es ein heulendes Geschrei, dass wir arm sind, aber wie viele gemeinnützige Gesellschaften gibt es zum Wohle der Armen? Was tun wir für ihren Lebensunterhalt, für ihre Verbesserung?«

So sehr Vivekananda auch den desolaten Zustand der indischen Gesellschaft und des Hinduismus anprangert, so sehr er auch die mitmenschliche Fürsorge und das soziale Engagement der Amerikaner dem gegenüber herausstreicht, maßgeblich für sein Reformbestreben ist die Prämisse: »Der Hinduismus kann nur durch den Hinduismus reformiert werden.« Leiten lässt er sich von der Hypothese: »Ich behaupte, dass keine Zerstörung der Religion notwendig ist, um die Hindugesellschaft zu verbessern und dass die Gesellschaft sich nicht aufgrund der Religion in diesem Zustand befindet, sondern weil die Religion bisher nicht so auf die Gesellschaft angewandt wurde, wie sie es hätte werden sollen ... Aufgabe ist es zunächst, die wahren Prinzipien unserer Religion zu verstehen und sie dann auf die Gesellschaft anzuwenden.« [...] Vivekananda [fordert] Hilfe für die sozial Benachteiligten oder Geächteten, für die »Armen, Elenden und Unterdrückten«, für die »Witwen« und »Waisen«, für die »Unberührbaren«. Diese Forderung, die über das in der Hindutradition oft belegte Tugendgebot, »sich am Heil aller Wesen zu erfreuen« oder das des Mitleids insofern hinausgeht, als sie auf den tätigen Dienst [seva] ausgerichtet ist, lässt sich schwerlich aus dem Hindu-Dharma ableiten. [...] Während Vivekananda im Allgemeinen die Bedeutung der Karma-Lehre und ihre rationale Vernünftigkeit gerade auch gegenüber dem Christentum herausstreicht – das Theodizee-Problem sei in der Karma-Lehre gelöst –, distanziert er sich von ihr im Hinblick auf das Elend der indischen Massen. In diesem Fall wird die »Gerechtigkeit« der Karma-Lehre aufgegeben zugunsten eines Gerechtigkeitsverständnisses, bei dem Begriffe wie »Menschenwürde«, »Chancengleichheit«, »Verantwortung« und »Liebe« leitend sind. [...] Der Dienst am Mitmenschen erscheint als ein Mittel zur Manifestation Gottes im Dienenden selbst. Die religiöse Orientierung hat sich dabei geändert: Der Zusammenhang zwischen Gottes- und Nächstenliebe, zwischen dem Verhalten gegenüber Gott und den Mitmenschen als seinen Kindern wird aufgelöst, und an seine Stelle tritt die Realisierung der eigenen Göttlichkeit. [...] An dem Heilsziel des Advaita, der Befreiung aus dem Geburten-

❖ *Erarbeiten Sie die neuen Elemente oder Schwerpunktsetzungen, die Vivekananda in den Hinduismus einführte.*

❖ *Welche Gedanken des Hindu-Dharma sprachen gegen soziales Engagement als moralische Pflicht und wie argumentiert Vivekananda in diesem Zusammenhang?*

❖ *Inwiefern »überbietet« das »Liebe einen jeden als Dein Selbst!« das christliche Liebesangebot?*

kreislauf in Form der Innewerdung des einen ewigen Selbst (gemeint ist die unsterbliche Seele im eigenen Körper) hält Vivekananda prinzipiell fest. Doch sein Interesse ist zugleich darauf ausgerichtet, dass das Streben nach diesem Heilsziel die menschliche Not in der Gesellschaft nicht einfach übergeht. Deshalb ist er u.a. bemüht, das Gebot der Nächstenliebe bzw. des Dienstes am Anderen aus dem zweiheitlosen Sein der Atman-Brahman-Identität selbst abzuleiten. *Hans-Peter Müller*

Rabindranath Tagore (1861–1941)

Rabindranath Tagore

Wir sind keine bloßen Gegebenheiten in dieser Welt, wir sind Persönlichkeiten. Und daher können wir uns nicht damit begnügen, auf dem Strom der Ereignisse dahinzutreiben. Wir haben das zentrale Ideal der Liebe, durch das wir unserm Dasein Harmonie geben sollen; wir haben in unserm Leben eine Wahrheit zu offenbaren: dass wir Kinder des Ewigen sind.

Rabindranath Tagore

Renaissance des upanishadischen Geistes

Rabindranath Tagore war ein vielseitiger Dichter, der durch seine Schriften und Taten den upanishadischen Geist der Freiheit und des Humanismus wiederbelebte. Seine noch nicht vollständig herausgegebenen Werke umfassen siebenundzwanzig Bände. Das Göttliche im Menschen und in der Natur steht im Mittelpunkt seiner Botschaft. Dieses Göttliche verbindet den Menschen mit der Natur und die Menschen aller Nationen miteinander. Tagore nannte seine Überzeugung Manavadharma – wörtlich: die Religion des Menschen. Das Ziel dieser Religion ist es, das Göttliche in sich selbst, in anderen Menschen und in der Natur zu erkennen. 1901 gründete Tagore das Knabeninternat Visva-Bharati, Santiniketan, nach dem Muster der Schulen, von denen die Upanishaden erzählen. Hier wurden die Schüler im freien Geist und in der Religion der Upanishaden erzogen. Später kamen Mädchen dazu und noch viel später wurde aus Tagores Schule ein Schul- und Universitätsinternat. Heute gilt Visva-Bharati, Santiniketan, nicht nur als eine gute Bildungseinrichtung, sondern auch als ein Kulturzentrum. Der Bezug zu den Upanishaden ist bis heute ungebrochen geblieben. Auch wenn Visva-Bharati, Santiniketan, die einzige Einrichtung ihrer Art ist, so übt sie dadurch, dass sie alljährlich hunderte Absolventen entlässt, einen dauerhaften Einfluss auf den Hinduismus aus.

Das Internat Visva-Bharati, Santiniketan

Wir sind in diese Welt gekommen, nicht nur, dass wir sie kennen, sondern dass wir sie bejahen. Macht können wir durch Wissen erlangen, aber zur Vollendung gelangen wir nur durch die Liebe. Die höchste Erziehung ist die, welche sich nicht damit begnügt, uns Kenntnisse zu vermitteln, sondern die unser Leben in Harmonie bringt mit allem Sein. Aber wir finden, dass man diese Erziehung zur Harmonie in den Schulen nicht nur systematisch außer acht lässt, sondern dass man sie konsequent unterdückt. Von klein auf werden wir so erzogen und unterrichtet, dass wir der Natur entfremdet und unsre innere und äußere Welt in Gegensatz zueinander gestellt werden. So wird die höchste Erziehung, die Gott uns bestimmte, vernachlässigt und man nimmt uns unsere Welt, um uns dafür einen Sack voll Wissen zu geben. Wir berauben das Kind seiner Erde, um es Erdkunde zu lehren, seiner Sprache, um es Grammatik zu lehren. Es hungert nach Heldengeschichten, aber man gibt ihm nüchterne Tatsachen und Daten. Es wurde in die Menschenwelt geboren, aber es wird in die Welt lebender Grammophone verbannt, um für die Erbsünde, in Unwissenheit geboren zu sein, zu büßen. Die Natur des Kindes lehnt sich mit der ganzen Kraft des Leidens gegen solch Elend auf, bis sie schließlich durch Strafen zum Schweigen gebracht wird. [...] Kinder werden nicht als Asketen geboren, dass sie geeignet wären, sich sogleich der Mönchszucht zu unterwerfen, indem sie ihr Streben ganz auf den Erwerb von Kenntnissen richten. Ihr erstes Wissen sammeln sie durch ihre Liebe zum Leben, dann entsagen sie dem Leben, um Wissen zu erwerben, und endlich kehren sie mit reicher Weisheit zum volleren Leben zurück. [...] Ich glaube an eine geistige Welt, nicht als etwas, was außerhalb dieser Welt ist, sondern als ihre innerste Wahrheit. Mit jedem Atemzuge müssen wir diese Wahrheit fühlen: dass wir in Gott leben. Als Kinder dieser großen Welt, die erfüllt ist von dem Geheimnis des Unendlichen, können wir unser Dasein nicht als eine flüchtige Laune des Zufalls ansehen, das auf dem Strom der Materie einem ewigen Nichts zutreibt. [...] Die Erfahrung dieser geistigen Welt, die uns nicht zuteil wird, weil wir von klein auf gewöhnt werden, sie zu übersehen, müssen die Kinder dadurch gewinnen, dass sie ganz darin leben. [...] In Indien halten wir noch die Überlieferung von den Waldkolonien großer Lehrer in hohen Ehren.* Diese Orte waren weder Schulen noch Klöster im

** Die Upanishaden und andere heilige Schriften berichten von diesen Waldkolonien*

heutigen Sinn des Wortes. Sie bestanden aus Heimstätten, wo Männer mit ihrer Familie lebten, deren Ziel war, die Welt in Gott zu sehen und ihr eigenes Leben in ihm zu begreifen. Obgleich sie außerhalb der menschlichen Gesellschaft lebten, so waren sie ihr doch, was die Sonne den Planeten ist, der Mittelpunkt, von dem sie Leben und Licht empfing. Und hier wuchsen die Knaben auf im nahen Anschauen des Ewigen, bevor man sie für geeignet hielt, Haupt einer Familie zu werden.

So war im alten Indien Schule und Leben vereinigt. Da wurden die Schüler nicht in der akademischen Atmosphäre von Gelehrsamkeit und Wissenschaft oder in dem verstümmelten Leben mönchischer Abgeschlossenheit erzogen, sondern in der Atmosphäre lebendigen Wirkens und Strebens. Sie brachten das Vieh auf die Weide, sammelten Brennholz, pflückten Obst, waren gütig zu allen Geschöpfen und nahmen zu an Geist zugleich mit ihren Lehrern. Dies war möglich, weil der Hauptzweck dieser Orte nicht der Unterricht war, sondern denen Zuflucht und Schutz zu bieten, die ein Leben in Gott leben wollten. [...] Diese catuspathi, wie man auf Sanskrit die Universitäten nennt, haben nicht den Charakter einer Schule. Die Schüler leben im Haus ihres Lehrers wie die Kinder des Hauses, ohne für Wohnung, Kost und Erziehung zu bezahlen. Der Lehrer geht seinen eigenen Studien nach, indem er ein Leben der Einfachheit lebt und seinen Schülern bei ihrem Studium hilft, was er nicht als sein Geschäft betrachtet, sondern als einen Teil seines Lebens.

Dies Ideal einer Erziehung, die darin besteht, dass der Schüler an dem Leben und hohen Streben seines Lehrers teilnimmt, ließ mich nicht los. [...]

Zum Glück hatte ich schon einen Platz bereit, wo ich meine Arbeit beginnen konnte. Mein Vater hatte auf einer seiner zahlreichen Reisen sich diesen einsamen Ort erwählt, der ihm geeignet schien zu einem Leben stiller Gemeinschaft mit Gott. Diesen Ort hatte er mit allem, was zum Lebensunterhalt nötig war, denen gestiftet, die Ruhe und Abgeschlossenheit für religiöse Übungen und Betrachtungen suchten. Ich hatte etwa zehn Knaben bei mir, als ich dorthin ging, und begann mein neues Leben ohne irgendwelche frühere Erfahrung. [...]

Ein überdachter Seminarraum im Internat Visva-Bharati; im Hintergrund einige wissenschaftliche Institute

Wenn ein Mensch es zu seinem Beruf macht, seinen Mitmenschen Gott zu predigen, so wird er viel mehr Staub aufwirbeln, als zur Wahrheit führen. Religion lässt sich nicht in der Form von Unterricht mitteilen, sondern nur durch religiöses Leben selbst. So bewährt sich das Ideal der Waldkolonie jener Gottsucher auch heute noch als die wahre Schule religiösen Lebens. Religion ist nicht etwas, was man in Stücke zerlegen und in bestimmten Wochen- oder Tagesrationen austeilen kann als eins der verschiedenen Fächer des Schulprogramms. Sie ist die Wahrheit unsres ganzen Seins, das Bewusstsein unserer persönlichen Beziehung zum Unendlichen; sie ist der wahre Schwerpunkt unsres Lebens. Sie kann uns in unsrer Kindheit zuteil werden, wenn wir ganz an einem Orte leben, wo die Wahrheit der geistigen Welt nicht durch eine Menge von Notwendigkeiten verdunkelt wird, die sich Bedeutung anmaßen; wo das Leben einfach ist und reich an Muße, an Raum und reiner Luft und an dem tiefen Frieden der Natur, und wo die Menschen in festem Glauben den Blick auf das Ewige gerichtet haben. [...]

Ich fühlte, dass das Wichtigste und Notwendigste nicht die äußere Lehrmethode, sondern der lebendige Odem der Kultur selbst war. Zum Glück für mich gewann Satish Chandra Roy, ein hochbegabter junger Student, der sich auf sein Staatsexamen vorbereitete, lebhaftes Interesse für meine Schule und machte es sich zur Lebensaufgabe, meine Idee auszuführen. Er war erst neunzehn Jahre alt, aber ein Mensch von hohem Geistesfluge. [...] Bei ihm hatten die Knaben nie das Gefühl, auf ihr Unterrichtsfach beschränkt

❖ *Wäre eine Schule wie das Internat Visva-Bharati, Santiniketan, des Dichters Rabindranath Tagore bzw. ein Unterricht in seinem Sinne auch in Deutschland denkbar und wünschenswert?*

zu sein, sondern es war, als öffnete er ihnen alle Tore der Welt. Mit ihm gingen sie in den Wald, wenn im Frühling die Salbäume (Vatica Robusta) in voller Blüte standen; dann deklamierte er ihnen, ganz berauscht von Begeisterung, seine Lieblingsgedichte. Er las ihnen Shakespeare und selbst Browning – denn er war ein großer Verehrer Brownings – und erläuterte ihnen mit wunderbarer Kraft des Ausdrucks die Dichtungen in bengalischer Sprache. Niemals zweifelte er an der Verständnisfähigkeit der Knaben, er sprach und las ihnen über jeden Gegenstand, der ihn selbst interessierte. Er wusste, dass es durchaus nicht nötig war, dass die Schüler alles wörtlich und genau verstanden, sondern dass ihr Geist aufgerüttelt und ihre Seelen geweckt wurden, und dies gelang ihm immer. Er war nicht, wie andre Lehrer, ein bloßer Vermittler von Bücherwissen. Er gestaltete seinen Unterricht persönlich, er schöpfte aus seiner eigenen Tiefe, und daher war das, was er den Schülern bot, lebendige Nahrung, die die lebendige menschliche Natur sich leicht aneignet. [...] Seine Literaturstudien hatten nicht den Modergeruch der Bibliothek an sich. Er hatte die Gabe, die Ideen so greifbar deutlich und lebendig vor sich zu sehen, wie er seine Freunde sah. So hatten die Knaben unsrer Schule das seltene Glück, ihren Unterricht von einem lebendigen Lehrer und nicht aus Büchern zu erhalten. [...]

Gewiss würde es töricht sein, den Wert von Büchern im Allgemeinen zu bestreiten. Aber man muss auch zu gleicher Zeit zugeben, dass Bücher ihre Grenzen und ihre Gefahren haben. Jedenfalls sollten den Kindern in den ersten Jahren ihrer Erziehung die Wahrheiten, die sie zu lernen haben, auf natürlichem Wege, das heißt durch die Menschen und die Dinge selbst vermittelt werden. Da ich hiervon überzeugt bin, habe ich alles, was ich konnte, getan, um in unsrer Einsiedelei eine geistige Atmosphäre zu schaffen. Ich mache Lieder, aber ich mache sie nicht eigens für die Jugend zurecht. Es sind Lieder, die ein Dichter sich zu seiner eigenen Freude singt. [...] Diese Lieder singe ich, so wie sie mir erblühen, den Knaben vor, und sie kommen scharenweise, um sie zu lernen. Sie singen sie in ihren Mußestunden, in Gruppen unter freiem Himmel sitzend, in Mondscheinnächten oder im Schatten der drohenden Juliwolken. Alle meine späteren Dramen sind hier entstanden und unter Teilnahme der Knaben aufgeführt. [...] Wer gesehen hat, wie diese Knaben ihre Rollen spielen, ist überrascht, wie stark sie als Schauspieler wirken. Das kommt daher, weil sie nie eigentlichen Unterricht in dieser Kunst gehabt haben. Sie erfassen instinktiv den Geist der Dichtung. [...] Häufig schreiben sie selbst Stücke oder improvisieren sie, und dann werden wir zu der Aufführung eingeladen. Sie haben ihre literarischen Vereine und haben mindestens drei illustrierte Zeitschriften, die von drei Gruppen der Schule geleitet werden. [...] Eine ganze Anzahl unsrer Schüler hat ein beachtenswertes Talent für Zeichnen und Malerei gezeigt. Wir entwickeln dieses Talent nicht mit Hilfe der alten, hier in den Schulen noch immer üblichen Kopiermethode, sondern lassen die Schüler ihrer eigenen Neigung folgen und helfen ihnen nur dadurch, dass wir hin und wieder Künstler zu uns einladen, die die Knaben durch ihre eigenen Arbeiten anregen und begeistern.

Als ich meine Schule anfing, zeigten die Knaben keine besondere Liebe zur Musik. Daher stellte ich zuerst noch keinen Musiklehrer an und zwang die Knaben nicht, Musikstunden zu nehmen. Ich sorgte nur für Gelegenheiten, wo die, die für diese Kunst begabt waren, sie üben und zeigen konnten. Dies hatte die Wirkung, dass das Ohr der Knaben sich unbewusst übte. Und als nach und nach die meisten von ihnen große Neigung und Liebe zur Musik zeigten und ich sah, dass sie bereit sein würden, regelrechten Unterricht darin zu nehmen, berief ich einen Musiklehrer. [...]

Ich glaube, dass das Ziel der Erziehung die sittliche Freiheit ist, die nur auf dem Wege der Freiheit erreicht werden kann. [...]

In unsrer Schule stehen die Knaben des Morgens sehr früh auf, bisweilen vor Tagesanbruch. Sie besorgen selbst das Wasser für ihr Bad. Sie machen ihre Betten. Sie tun alle die Dinge, die den Geist der Selbsthilfe in ihnen entwickeln.

Ich glaube an den Wert regelmäßiger religiöser Betrachtung, und ich setze morgens und abends eine Viertelstunde dafür an. Ich halte darauf, dass diese Zeit innegehalten wird, ohne jedoch von den Knaben zu erwarten, dass sie so tun, als ob sie in religiöse Betrachtungen versenkt wären. Aber ich verlange, dass

sie still sind, dass sie Selbstbeherrschung üben, wenn sie auch, statt an Gott zu denken, die Eichhörnchen beobachten, die die Bäume hinauflaufen.
Jede Schilderung solcher Schule kann nicht anders als unzulänglich sein. Denn das Wichtigste von ihr ist ihre Atmosphäre und die Tatsache, dass es keine Schule ist, die den Knaben von autokratischen Behörden aufgezwungen ist, in der sie ihr eigenes Leben leben sollen. Sie nehmen teil an der Schulverwaltung, und in Straffällen verlassen wir uns meistens auf ihren eigenen Gerichtshof. [...]
Es ist für ihre geistige Gesundheit und Entwicklung unbedingt nötig, dass man sie nicht in Schulen steckt, deren einziger Zweck der Unterricht ist, sondern dass sie in einer Welt leben, deren leitender Geist die persönliche Liebe ist. Solch eine Welt ist die Einsiedelei, der Asrama, wo die Menschen sich im Frieden der Natur zu dem höchsten Lebensziel vereint haben; wo sie sich nicht nur frommen Betrachtungen hingeben, sondern auch mit offenen Augen in die Welt schauen und tätig wirkend in ihr schaffen; wo man den Schülern nicht unausgesetzt den Glauben beibringt, dass die Selbstvergötterung der Nation das höchste Ideal für sie ist; wo sie begreifen lernen, dass diese Menschenwelt Gottes Königreich ist, dessen Bürger zu werden sie streben sollen; wo Sonnenauf- und untergang und die stille Herrlichkeit der Sterne nicht täglich unbeachtet bleiben; wo der Mensch freudig teilnimmt an den Festen, die die Natur mit ihren Blüten und Früchten feiert, und wo jung und alt, Lehrer und Schüler sich an denselben Tisch setzen und das tägliche Brot wie das Brot des Lebens miteinander teilen.

Rabindranath Tagore

Mahatma Gandhi (1869–1948)

Der gewaltlose Widerstand Satyagraha*

Gewaltlosigkeit bedeutet nicht Verzicht auf allen wirksamen Kampf gegen die Bosheit. Im Gegenteil, der gewaltlose Kampf gegen das Böse, wie ich ihn meine, ist wirkungsvoller und echter als Widervergeltung, die ja ihrer Natur nach das Böse nur noch vermehrt. Ich denke an eine geistige und darum moralische Opposition gegen unsittliches Verhalten. Ich trachte danach, die Schneide am Schwert des Tyrannen völlig stumpf zu machen, nicht dadurch, dass ich ein schärferes Schwert dagegen setze, sondern dass ich seine Hoffnung auf meinen physischen Widerstand enttäusche. Der seelische Widerstand, den ich leiste, vereitelt die Absicht des Feindes. Ich verwirre ihn zunächst und nötige ihm schließlich Anerkennung ab, eine Anerkennung, die ihn nicht demütigt, sondern erhöht. [...]
Der Weg des Satyagrahis ist eindeutig. Unbewegt muss er stehen, inmitten aller widerwärtigen Strömungen. Angesichts blinder Rechtgläubigkeit darf er die Geduld nicht verlieren, noch darf er sich über mangelnde Zuversicht beim unterdrückten Volk ärgern. Er muss wissen, dass sein Leiden das steinerne Herz des härtesten Fanatikers erweichen wird.

Mahatma Gandhi

** Satyagraha bedeutet wörtlich: das Festhalten an der Wahrheit*

Mahatma Gandhi am Spinnrad

Dorfbewohner legen Wert auf Selbstversorgung – hier zwei Männer bei der Bewässerung

❖ *Kann Gewaltlosigkeit in der Auflehnung gegen Ungerechtigkeit und Machtmissbrauch mächtig genug sein?*

Gewaltlosigkeit und Entwicklung der Dörfer

Die Gewaltlosigkeit wurde schon zu Zeiten der Upanishaden zwischen 1000 und 600 v. Chr. ein fester Bestandteil des Hinduismus. Neu zu Zeiten Gandhis jedoch war der Einsatz der Gewaltlosigkeit in der Politik. Gandhi hatte Erfolg mit seiner Methode. Indien erlangte die Freiheit, ohne dass es mit Waffen gegen die britische Kolonialmacht kämpfte. Ferner machte Gandhi die Inder auf ihre wirtschaftliche Abhängigkeit vom Industrieland England und den damit verbundenen miserabelen Zustand der indischen Dörfer aufmerksam. Als Symbol der Selbstversorgung führte er das Spinnrad ein. Jeder Inder sollte das Garn für seine Kleidung selbst herstellen. Der Stoff, der aus dem selbstgesponnenen Garn hergestellt wurde, hieß Khadi bzw. Khaddar. Gandhis Bemühung, die Inder umzuerziehen, trägt heute noch Früchte. Khadi ist heute in Indien gefragt und wird in zahlreichen Dörfern hergestellt. Ferner gibt es heute Barfuß-Colleges in Indien, die versuchen die Dörfer nach Gandhis Vision zu entwickeln.

Sarvepalli Radhakrishnan (1888–1975)

Bewusstmachung des indischen Erbes

Der Hinduismus ist für Radhakrishnan eine Synthese aus Philosophie und Frömmigkeit, Wissenschaft und Weisheit. Radhakrishnan versuchte, modernes Weltverständnis und indische Religiosität miteinander zu verbinden. [...] Damit prägte er maßgeblich den heutigen, intellektuellen Hinduismus, der sich als universal, tolerant, unhistorisch [weil auf ewiger Wahrheit beruhend] und als Religion versteht. [...] Radhakrishnan wandte sich [...] gegen den Absolutheitsanspruch des Christentums: er war der Ansicht, dass es erstens kein Volk gäbe, dem sich Gott nicht offenbart, und dass es zweitens keine vollkommene Offenbarung des Absoluten in der Welt des Relativen geben könne. Daher müsse das Christentum seinen Anspruch auf Absolutheit aufgeben. [...]

Traditionelle Arbeitsverfahren bewahren Selbstständigkeit: Männer beim Dreschen

Obwohl seine Eltern streng gläubige Hindus waren, besuchte Radhakrishnan Schulen und Colleges der christlichen Mission. Dadurch war er nicht nur mit den Lehren des Christentums vertraut, sondern kannte auch die Kritik der christlichen Missionare an Glauben und Praxis der indischen Religiosität; er schreibt: »In meinem Stolz als Hindu, den der Eifer und die Rednergabe von Swami Vivekananda wachgerufen hatten, fühlte ich mich zutiefst gekränkt durch die Art, wie der Hinduismus in den Missionsinstituten behandelt wurde. Es fiel mir schwer, einzugestehen, dass Hindu-Asketen und -Lehrer, die in unserer Welt einen lebendigen Kontakt mit jener klassischen Kultur Indiens bewahrten, in der ein großer Teil unseres Wissens und fast all unser Tun verankert ist, nicht wahrhaft religiös sein sollten.« Diese Herausforderung christlicher Kritiker brachte ihn dazu, den »Hinduismus« zu studieren. [...]

Den Hinduismus interpretiert Radhakrishnan jetzt als eine dynamische Tradition: »Wächst sie nicht, so bedeutet das, dass ihre Anhänger geistlich tot sind.« Durch die ganze Geschichte des Hinduismus hätten die geistigen Führer mit neuen Formen experimentiert und neue Ideale geschaffen, um stets den neuen Verhältnissen gerecht zu werden: »Der erste Anstoß zum Fortschritt kam, als die vedischen Arier in Berührung mit den eingeborenen Stämmen kamen. Ein ähnlicher Anstoß wirkte bei den protestantischen Bewegungen des Jainismus und Buddhismus mit, als die Arier in die Gangesebene vordrangen. Die Berührung mit den hochzivilisierten Draviden führte zu der Umwandlung des Vedismus in eine theistische Religion. Die Reformbewegungen des Ramananada, Caitanya, Kabir und des Nanak verraten den Einfluss des Islam. Der Brahma-Samaj und der Arya-Samaj sind die Folgen der Berührung mit dem Westen. Und auch heute kann man den Hinduismus nicht als eine bloße Masse von Meinungen und als ein Gezänk um Meinungen einfach beiseite schieben. Denn er spiegelt ein stetes Wachsen von Erkenntnissen wider, da jede Form desselben und jede Phase seines Wachstums in Beziehung zu dem gemeinsamen Hintergrund des Vedanta steht. Denn wenn das religiöse Denken der Hindu auch durch manche Revolution hindurchgegangen ist und große Eroberungen gemacht hat, die grundlegenden Ideen sind vier oder fünf Jahrtausende hindurch dieselben geblieben und keimartig im Vedantaideal enthalten.« [...]

In der jungen Tradition des Hinduismus – inklusivistisch und sich selbst als universal verstehend – sieht Radhakrishnan die Einheit aller Religionen in der gemeinsamen Suche nach Wahrheit. Glaubt dagegen eine Religion im Besitz der Wahrheit zu sein, sieht er die Toleranz und den Frieden gefährdet. Der Aufbruch dieses neuen Hinduismus klingt in den Worten Radhakrishnans so: »Nach einem langen Winter von einigen Jahrhunderten befinden wir uns heute für den Hinduismus in einer Periode des Frühlings. Wir fangen an, auf unseren alten Glauben mit frischen Augen zu blicken. Wir fühlen, dass unsere Gesellschaft sich in einem Zustande unsteten Gleichgewichts befindet. Es gibt viel Holz, das tot und krank ist und das weggeschnitten werden muss. Die Führer des Hindu-Denkens und der Hindu-Praxis sind überzeugt, dass unsere Zeit nicht eine Preisgabe der Grundprinzipien des Hinduismus erfordert, sondern eine Wiederherstellung derselben unter spezieller Berücksichtigung der Bedürfnisse einer komplizierten und beweglicheren sozialen Ordnung. Solch ein Versuch wird lediglich eine Wiederholung eines Prozesses sein, der sich schon oft in der Geschichte zugetragen hat. Das Werk der Wiederherstellung hat begonnen. Wachstum geht langsam vor sich, wenn die Wurzeln tief sind. Aber diejenigen, welche eine kleine Kerze in der Finsternis anzünden, helfen, um den ganzen Himmel aufleuchten zu lassen.«

Radhakrishnan sah [...] im Hinduismus die Identität oder den roten Faden der diffusen Kulturtradition auf dem indischen Subkontinent. [...] »Hinduismus gilt als Universalreligion schlechthin. Die Grundlage dieser Universalreligion ist die persönliche Erfahrung, also nicht ein Dogma oder ein Glaubensbekenntnis [die Abgrenzung zum Religionsverständnis des Christentums ist deutlich!]. Dass Erfahrung, das heißt die Suche nach Gotteserfahrung und die unmittelbare Einsicht in Wahrheit, die Grundlage von Religion und von Hinduismus sei, wird als Begründung dafür angeführt, warum der Hinduismus der gegenwärtigen religiösen Lage und den Bedürfnissen der Moderne besonders entgegenkomme.« *Andreas Becke*

Sarvepalli Radhakrishnan

❖ *In welchem Sinne will Radhakrishnan die Wiederherstellung der Grundprinzipien des Hinduismus?*

❖ *Vergleichen Sie die verschiedenen hinduistischen Reformbemühungen von Ramakrishna, Vivekananda, Tagore, Gandhi und Radhakrishnan in ihren Gegenwartsbezügen.*

❖ *»Erneuerungsbewegungen« in anderen Religionen führten oft zu fundamentalistischen Tendenzen – sehen Sie diese Gefahr auch bei den beschriebenen Reformansätzen im Hinduismus?*

V. Der Hinduismus im deutschen Kontext

1. Ausübung

Hindus in Deutschland

Hinduistische Inder üben ihre Religion aus, soweit dies in Deutschland möglich ist, bleiben dazu aber auf Grund kultureller und mentaler Unterschiede zu ihrer Umwelt meist unter sich. Zu großen religiösen Festen treffen sich die Hindus in den Städten, in denen eine relativ große Zahl von Indern lebt. Als Beispiel kann man die Durgapuja – die Verehrung der Göttin Durga*– nennen. Dieses Fest wird in verschiedenen Großstädten gefeiert. Finanziert wird es durch die Teilnehmenden. Das Bildnis der Göttin mit ihren Kindern und die Utensilien werden in Indien bestellt. Als Priester fungiert ein in Deutschland lebender Inder. Die Verehrungszeremonie wird möglichst nach den Anweisungen der heiligen Schriften vollzogen. Die Muschel allerdings wird nur dort geblasen, wo es unbedingt notwendig ist, um die nichthinduistischen Nachbarn nicht zu stören. Auf die indischen Trommeln Mridanga und Dhak wird gänzlich verzichtet. Teilnehmer der Durgapuja sind Hindus aus Indien und ihre deutschen Frauen. Wie in Indien werden zur Durgapuja in Deutschland kulturelle Darbietungen, wie Musik und klassischer indischer Tanz, präsentiert. Die Durgapuja in Deutschland hat auch einen gesellschaftlichen Charakter. Man trifft sich mit den Landsleuten und genießt die vertraute Atmosphäre.

Zu Hause haben die meisten Inderinnen – die Männer sind weniger religiös – einen Altar mit Götterbildnissen, vor dem sie sich täglich verbeugen und lautlos Strophen aus den hei-

* *siehe: Das Erscheinungsbild Durgapuja, S. 17f.*

ligen Schriften oder einen Mantra rezitieren. Hierzu zünden einige eine Kerze und Räucherstäbchen an.
Obwohl es hier und da einen hinduistischen Tempel gibt, besuchen die Inder in Deutschland diese Tempel kaum, da diese Tempel nur der Vorstellung einer bestimmten Gruppe und nicht dem gesamten Hinduismus entsprechen. Außerdem pflegen diese Einrichtungen nicht den freien Geist, der in den Tempeln in Indien zu finden ist. Besucht man einen Tempel häufig, so wird angenommen, dass man zu dieser Gruppe gehört. Da die Hindus aber auf den dezentralen Charakter des Hinduismus großen Wert legen und sich gegen Vereinnahmung wehren, versuchen sie diesen Eindruck zu vermeiden. Hindus aus Indien besuchen gewöhnlich nicht die hinduistischen Tempel in Deutschland, die Hindus aus einem anderen Land gebaut haben, da sie hier nicht die Götter vorfinden, die in den Tempeln in Indien verehrt werden, und die Atmosphäre nicht der eines Tempels in Indien entspricht. Das religiöse Erlebnis, das sie sich von einem Tempelbesuch erhoffen, bleibt aus. So gehören zum Beispiel die Inder nicht zu den Besuchern des Tempels in Hannover, den Tamilen aus Sri Lanka gebaut haben.

Die Hindu-Christ-Ehe und die Kinder

Die Hindu-Christ-Ehen bestehen gewöhnlich aus einem Inder und einer Deutschen, da es, ob Gastarbeiter oder Studenten, hauptsächlich Männer waren, die nach Deutschland kamen. Indische Frauen kamen in der Regel als Ehefrauen dieser Gastarbeiter oder Studentinnen nach Deutschland. Die Ehe zwischen einem Hindu aus Indien und einer Christin in Deutschland verläuft ohne religiöse Probleme, solange das Paar kinderlos bleibt. Probleme beginnen erst bei der Frage nach der Taufe. Meistens verhindert der Ehemann die Taufe mit der Begründung, dass das Kind selbst später die Entscheidung treffen soll. In der Regel entscheiden sich Kinder dieser Ehen mit vierzehn für die Taufe und Konfirmation bzw. Kommunion. Es ist jedoch zu beobachten, dass sie im Erwachsenenalter weder das reine Christentum noch den reinen Hinduismus praktizieren, sondern ein Gemisch aus beiden Religionen. Man stellt in ihnen eine gewisse Unsicherheit fest, wenn sie in Indien oder in Deutschland an einem hinduistischen Fest teilnehmen. Auch wenn die meisten Kinder aus der deutsch-indischen Ehe sich für das Christentum entscheiden, kommt es gelegentlich vor, dass sich Kinder mit vierzehn Jahren zum Hinduismus bekennen. Die Erfahrung zeigt, dass diese Kinder im frühen Alter Interesse für Göttergeschichten zeigen und sich erleichtert fühlen, dass sie von keinem Gott für ihre »Sünden« bestraft werden. In der Jugend, wenn sie anfangen, über Gott und die Welt zu philosophieren, den Staat, die Gesellschaft und die Eltern zu kritisieren, finden sie die Karma-und-Wiedergeburtstheorie sowie die Lehre der Upanishaden und des Shankara* interessant. Auch wenn diese Kinder sich für das Studium eines naturwissenschaftlichen Faches entscheiden, haben sie ein stabiles Interesse für Philosophie.

siehe II. Nähere Betrachtung 6. Der Advaita-vendanta von Shankara, S. 26–29

Die Hare-Krishna-Bewegung

Die Hare-Krishna-Bewegung in Deutschland, die in verschiedenen Städten vertreten ist, ist ein Teil der Institution International Society for Krishna Consciousness (ISKCON), die ihren Hauptsitz in den USA hat. Der Gründer von ISKCON war der Inder A. C. Bhaktivedanta Swami Prabhupada (1896–1996). Er kam, bereits neunundsechzigjährig, im Jahre 1965 nach New York. Dort predigte er die Lehre der Gottesliebe, wie Caitany (1486–1533) diese gepredigt hatte, und war erfolgreich. Im Laufe der Zeit verbreitete sich die ISKCON in verschiedenen Ländern Europas. Die ISKCON möchte das Göttliche im Menschen erwecken und damit nicht nur das spirituelle, sondern auch das materielle Problem der Menschheit und des Individuums lösen.

Der Gymnastikyoga in Deutschland

In Deutschland weiß man kaum etwas über den Raja-yoga von Patanjali, viel jedoch über den Hatha-yoga, Tantra-yoga, Kundalini-yoga etc. Obwohl der Hatha-yoga stark vom Tantra beeinflusst ist, gilt er als etwas, das zum Teil einen angehenden Wahrheitssuchenden für den Raja-yoga vorbereitet (Hatha-yoga-pradipika II, 75), wobei der Tantra- und der Kundalini-yoga eindeutig zum Tantra gehören. In Deutschland bieten viele Einrichtungen Hatha-yoga,Tantra-yoga, Kundalini-yoga als Heilmittel bei physischen und psychischen Krankheiten an. Da man in Deutschland unter dem Begriff Yoga etwas anderes versteht und die Hindus stets mit dem Begriff Yoga das Yoga-System von Patanjali meinen, jedoch auf keinen Fall Hatha-, Tantra- oder Kundaliniyoga, verstehen die Deutschen und die Hindus unter Yoga zwei verschiedene Dinge.

Eine neue Tendenz

In Deutschland ist eine Tendenz zu beobachten, die den Dialog zwischen dem Christentum und anderen Religionen forcieren möchte, wovon auch der Hinduismus profitiert. Es geht hierbei um das Engagement für die Gleichstellung aller Religionen, ohne Nivellierung ihrer Unterschiedlichkeit. U.a. der Aktionskreis der Religionen und Kulturen in Hannover arbeitet an diesem Ziel. Im Jahre 2000 wurde in Steinbergen, bei Rinteln, der Grundstein für das Haus der Religionen gelegt.

2. Was wir von Indien lernen könnten

Inderin in Deutschland vor ihrem Hausaltar

Aus Fehlern lernen

Wir können auch aus Fehlern, die der Hinduismus begangen hat, lernen. Ein schwerwiegender Fehler des Hinduismus lag darin, dass er jahrtausendelang die breite Masse, die aus den Shudras, den Angehörigen der vierten Kaste und den Kastenlosen bestand, vernachlässigt hat. Er hat diesen Menschen die Bildung, welche die drei oberen Kasten genossen (Brahmanen, Kshatriyas und Vaishyas), verweigert. Es bestand zwar die Möglichkeit, in die obere Kaste aufzusteigen, wie die Upanishaden beweisen, doch waren solche Fälle Ausnahmen. Diese Menschen sahen ihre Aufstiegsmöglichkeiten im Islam und traten massenweise zum Islam über. Das Problem lag nicht darin, dass sie nun eine andere Religion praktizierten, sondern darin, dass sie gegen alle andere Religionen in Indien Feindseligkeiten entwickelten. Die Teilung Indiens in Indien, Pakistan und Bangladesh, die auf beharrlichen Wunsch der damaligen indischen Muslime geschah, und die gegenwärtige gewalttätige separatistische Bewegung in Kashmir (Indien) sind zwei der zahlreichen Beispiele, die als Ergebnis der

Vernachlässigung der breiten Masse durch den Hinduismus gesehen werden können. Hätte der Hinduismus jedem – unabhängig von seiner Kastenzugehörigkeit – Bildung ermöglicht, wären diese Menschen, die dem Hinduismus und den anderen Religionen in Indien feindlich gesinnt sind, friedliche Weltbürger, welche Religion sie auch praktizierten.
Einen weiteren gravierenden Fehler machte der Hinduismus, indem er sich gegenüber esoterischen Elementen anderer Religionen wohl zu tolerant zeigte. Dies hatte die Folge, dass heute ein großer Teil des Hinduismus magische und abergläubische Züge hat.

Respekt vor fremden Religionen

In Indien hat es nie eine religiöse Verfolgung durch die Hindus gegeben, nur Hochachtung vor allen Religionen der Welt. Die Hindus gaben einer Gruppe von Hebräern Zuflucht, die aus ihrem Land vertrieben wurden, und die Juden in Malabar (Südindien) leben heute noch dort. Zu einer anderen Zeit haben sie Gruppen aus Persien aufgenommen, die dort fast ausgerottet wurden, und sie leben heute noch unter uns als die modernen Parsen von Bombay. Es gab Christen, die behaupteten, mit St. Thomas, dem Jünger Jesu, gekommen zu sein. Sie durften sich niederlassen und ihre Meinung haben. Dieser Geist der Toleranz ist nicht ausgestorben. Er kann und wird nicht vergehen. Dies ist eine der großen Lektionen, die der Vedanta zu lehren hat. Bewusst oder unbewusst erkennend, dass wir uns um dasselbe Ziel bemühen, ist Ungeduld nicht am Platze. *Swami Vivekananda*

Hoffnung und Gelassenheit

Wie tief jemand auch gesunken sein mag, nie ist alles verspielt, immer noch geht das Leben weiter und bietet neue Möglichkeiten des Aufstiegs, wenn auch oft unter sehr eingeengten Bedingungen. Nach hinduistischer Vorstellung ist der gute Kern im Menschen [Atman] karmisch eingeschnürt und nur bedingt handlungsfähig, weil die Belastungen aus früheren Leben der freien Entfaltung entgegenstehen. Nie aber ist jener Zustand gegeben, der bei der Jenseitserwartung im Bereich der Einmaligkeit nicht ausgeschlossen werden kann, nämlich dass das Prüfungsziel nicht erreicht wird und auch die rettende Gnade ausbleibt, so dass eine ewige Höllenpein als reale Möglichkeit einkalkuliert werden muss. Hindus und Buddhisten finden eine solche Sicht des Lebens grausam, weil sie sich nicht vorstellen können, dass einige wenige Lebensjahre darüber entscheiden sollen, wie das ewige Heil aussehen wird. Sie glauben stattdessen, dass alle Lebewesen viele Male wiedergeboren werden und damit immer wieder neu die Chance haben, Gutes zu tun und Böses wettzumachen. [...] Die in diesen Grundmodellen (gemeint sind Einmaligkeit des Lebens im Christentum und Wiedergeburt im Hinduismus und Buddhismus) enthaltene Vorstellung von der Lebensplanung lässt die nötige Hektik oder Gelassenheit erkennen. Die Einmaligkeit des Lebens erzwingt geradezu eine optimale Nutzung der knappen, zur Verfügung stehenden Zeit. Die Wiedergeburt lässt mehr Zeit, gewährt die Gelassenheit, manches auch auf später zu verschieben. *Peter Antes*

Internationale Zusammenarbeit ohne Verlust der nationalen Identität

Lasset uns, die Träumer des Ostens und des Westens, unseren Glauben festhalten an das Leben, das schafft, und nicht an die Maschine, die konstruiert, – an die Macht, die ihre Kraft verbirgt und in Schönheit erblüht, und nicht an die Macht, die ihre Arme entblößt und stolz ist auf ihre Fähigkeit, sich verhasst zu machen.
Lasset uns wissen, dass die Maschine gut ist, wenn sie hilft, aber nicht, wenn sie das Leben ausbeutet, dass die Wissenschaft groß ist, wenn sie das Übel vernichtet, aber nicht, wenn die beiden einen unheiligen Bund eingehen.
Ost ist Ost und West ist West – Gott verhüte, dass es anders kommen sollte – aber die beiden müssen sich in Freundschaft, Frieden und gegenseitigem Verständnis berühren. Ihre Begegnung wird um ihrer Verschiedenheit willen nur umso fruchtbarer sein. Sie muss beide zur heiligen Ehe vor den Altar der Humanität führen. *Rabindranath Tagore*

❖ *Diskutieren Sie vor dem Hintergrund Ihres Wissens aus diesem Heft, welchen »Beitrag zur deutschen oder europäischen Kultur« der Hinduismus leisten kann.*

Glossar

Ahimsa f. Gewaltlosigkeit (vgl. S. 32)
Arya m. Selbstbezeichnung der Nordinder
Atman m. wörtl.: Selbst. Wenn die absolute Wahrheit als Subjekt betrachtet wird, wird sie Atman genannt. Da der Atman in jedem Wesen existiert, wird dieser Begriff auch für die »Seele« benutzt (vgl. S. 23, 27)
Avatara m. wörtl.: Herunter-, Hinuntergestiegene. Ursprünglich galten die Inkarnationen von Gott Vishnu als Avataras, später galt jeder als Avatara, in dem das Göttliche sich außerordentlich offenbart. Heute gelten im Hinduismus Buddha und Jesus Christus als Avataras.
Bhagavadgita f. wörtl.: Gesang des Erhabenen. Die Bhagavadgita ist das älteste Buch der Bhakti, das noch erhalten geblieben ist. Schriften der Bhakti, die älter sind als die Bhagavadgita, kennt man nur von Zitaten in den späteren Werken. (vgl. S. 13)
Bhakti f. Gottesliebe
Brahmacarya n. wörtl.: Studium über Brahman. Die Zeit des Studiums (vgl. S. 11 f.)
Brahman n. wörtl.: Expansion, Evolution. Wenn die absolute formlose Wahrheit als Objekt betrachtet wird, wird diese Brahman genannt (vgl. S. 22, 24)
Brahmana m. 1. Angehöriger der Brahmanenkaste (vgl. S. 10 f.); 2. eine Kategorie priesterlicher Literatur über vedische Zeremonien (vgl. S. 13 f.)
Chandala f. die Unberührbare (vgl. S. 53)
Devi f. wörtl.: Göttin. Die höchste Manifestation der formlosen Wahrheit, des Brahman. Wenn Gott, die höchste Manifestation des Brahmans, als etwas Weibliches betrachtet wird, wird dieses Devi genannt (vgl. S. 15)
Dharma: Religion, religiöse Pflichten, Gesetz (vgl. S. 53)
Garhasthya n. wörtl.: Geeignet für jemanden, der eine Familie hat. Das Stadium des Lebens, während dessen man als Familienmitglied lebt (vgl. S. 12)
Karma n. wörtl.: Tat (vgl. S. 22)
Kshatriya m. Angehöriger der Kshatriyakaste (vgl. S. 10 f.)
Mantra m. wörtl.: Rede, Instrument des Gedankens
Manu-smriti f. wörtl.: die Erinnerung des Manu. Der wichtigste Smrititext
Maya f. Vergängliche Existenz
Moksha m. wörtl.: Emanzipation. Moksha ist ein weiterer Begriff für Mukti
Mukti f. wörtl.: Befreiung. Traditionell: die Befreiung vom Kreislauf der Wiedergeburten. Rabindranath Tagore entwickelte eine neue Theorie von der Mukti im Einklang mit den Upanishaden (vgl. S. 22 f.)
Puja f. Verehrungszeremonie für einen bestimmten Gott bzw. für eine bestimmte Göttin (vgl. S. 17 f.)
Ramakrishna Math/Ramakrishna Mission: Swami Vivekananda gründete kurz nach dem Tod seines Lehrers Ramakrishna (1886) diesen Orden, der heute als R. Math bzw. R. Mission bekannt ist. Juristisch sind es zwei getrennte Organisationen, die jedoch stets betonen, dass die Trennung nur auf dem Papier besteht. Beide Organisationen wollen die Ideen von Swami Vivekananda verbreiten. Das Ramakrishna Math widmet sich der Lehre von Ramakrishna und seines Schülers Swami Vivekananda, die Ramakrishna Mission engagiert sich für die Bildung, Gesundheitsversorgung, handwerkliche Ausbildung, Katastrophenhilfe etc. Beide Institutionen werden von Mönchen geführt, die im Ramakrishna Math ausgebildet wurden. Sie arbeiten so eng zusammen, dass die Namen in Indien synonym verwendet werden (vgl. S. 10, 52)
Sadhana: Wahrheitssuche (vgl. S. 8)
Sannyasa m. wörtl.: beiseite stellen, wegwerfen. Das Asketenleben (vgl. S. 10, 12)
Sansara: Kreislauf der Wiedergeburten (vgl. S. 23) oder die Welt (vgl. S. 28)
Satyagraha m. wörtl.: Festhalten an der Wahrheit. Gandhis Methode zur Bekämpfung der Unterdrückung und Ungerechtigkeit (vgl. S. 57 f.)
Shruti f. wörtl.: Hören, Heilige Schriften der ersten Kategorie. Die Aussagen der Shrutis gelten als unfehlbar und verbindlich (vgl. S. 13)
Shudra m. Angehöriger der Shudrakaste (vgl. S. 10 f.)
Smriti f. wörtl.: Erinnerung. Heilige Schriften zweiter Kategorie. Die Aussagen der Smritis dürfen angefochten werden. (vgl. S. 13)
Upanishad f. wörtl.: in der Nähe sitzen. Es gibt über einhundert Upanishaden. Nicht jede Upanishad ist jedoch gleich wichtig. Als die wichtigsten Upanishaden gelten: Aitareya-, Mundaka-, Mandukya-, Prashna-, Isha-, Kena-, Katha-, Taittiriya-, Brihad-aranyaka- und Chandogya-upanishad. Diese wurden von Shankara, der wichtigsten und prominentesten Autorität des Hinduismus, kommentiert. Die Upanishaden gehören zur Kategorie der Shruti, der unfehlbaren Heiligen Schriften. Da immer wieder manche Hindus ihre eigene Meinung als unfehlbar anerkannt sehen wollten und deshalb ihre Schriften als Upanishaden bezeichneten, werden in der Regel mit dem Begriff Upanishaden die oben genannten Upanishaden gemeint, wobei mittlerweile die Shvetashvatara-, die Kaushitaki- und die Maitri-upanishad an Bedeutung gewonnen haben. Die Upanishaden beschäftigen sich mit der Frage der absoluten Wahrheit, die ihrer Meinung nach nicht mit Ritualen erfahren werden kann. Die Upanishaden bilden bis heute die Grundlage aller hinduistischen Philosophien. Möchte eine Richtung von allen Hindus anerkannt werden, so müssen sowohl die Theorien als auch die Praktiken – auch die Rituale – dieser Richtung mit den Upanishaden begründet werden. (vgl. S. 13)
Vaishya m. Angehöriger der Vaishyakaste (vgl. S. 10 f.)
Vanaprastha m. wörtl.: das Einsiedlerleben im Wald (vgl. S. 12)
Varnashrama-dharma m. wörtl.: Gesetz der Farben. Das Kastensystem, bei dem ursprünglich die ethnischen Besonderheiten eine wichtige Rolle gespielt haben (vgl. S. 10 f.)
Veda m. wörtl.: Wissen, wahres Wissen. Es gibt vier Veden, den Rigveda, den Yajurveda, den Samaveda und den Atharvaveda. Zunächst wurden vom Hinduismus nur die drei erstgenannten als die Veden anerkannt. Daher sprechen die Upanishaden stets von Trayividya – das dreifältige Wissen. Der Atharvaveda wurde zum ersten Mal im Mahabharata (ca. 400 v. Chr. – ca. 400 n. Chr.) – wörtl.: die lange Erzählung von Indien – Veda genannt. Der Atharvaveda enthält wenig religiöse Aspekte und ist eher ein Buch der magischen Rituale. Die vier Veden werden kollektiv Samhita genannt. Die Veden gelten heute als die unfehlbaren Heiligen Schriften und gehören zu den Shruti. Auch wenn die Veden sich mit den philosophischen Gedanken beschäftigen, sind sie in erster Linie religiöse Schriften. Der Rigveda ist das älteste Buch der Hindus (vgl. S. 13)